Taylan Ciftci/Denis Bischoff

Die GmbH in der Krise

Rechte, Pflichten, Gestaltungsmöglichkeiten

IGEL Verlag

Ciftci, Taylan/Bischoff, Denis
Die GmbH in der Krise
Rechte, Pflichten, Gestaltungsmöglichkeiten

1. Auflage 2009 | ISBN: 978-3-86815-108-4

© IGEL Verlag GmbH , 2009. Alle Rechte vorbehalten.

Die Deutsche Bibliothek verzeichnet diesen Titel in der Deutschen Nationalbibliografie. Bibliografische Daten sind unter http://dnb.ddb.de verfügbar.

Dieses Fachbuch wurde nach bestem Wissen und mit größtmöglicher Sorgfalt erstellt. Im Hinblick auf das Produkthaftungsgesetz weisen Autoren und Verlag darauf hin, dass inhaltliche Fehler und Änderungen nach Drucklegung dennoch nicht auszuschließen sind. Aus diesem Grund übernehmen Verlag und Autoren keine Haftung und Gewährleistung. Alle Angaben erfolgen ohne Gewähr.

IGEL Verlag

Inhaltsverzeichnis

Bearbeitungsvermerk	VI
Abkürzungsverzeichnis	XI
1. Einleitung	1
2. Der GmbH-Geschäftsführer	2
2.1 Allgemeine Rechte und Pflichten des GmbH-Geschäftsführer zur Krisenprävention	2
2.1.1 Sorgfalt eines ordentlichen Geschäftsmannes	2
2.1.2 Leitungsaufgaben des Geschäftsführers	3
2.1.3 Geschäftsführer als Hüter des Kapitals	4
2.1.4 Organisationspflichten des Managers	6
2.1.4.1 Einberufung der Gesellschafterversammlung	6
2.1.4.2 Informations- und Einsichtsrechte	7
2.1.4.3 Gesellschafterwechsel	7
2.1.5 Treuepflicht	8
2.1.6 Rechnungswesen	9
2.1.7 Steuerrecht	9
2.1.8 Arbeits- und Sozialversicherungsrecht	9
2.1.9 Insolvenzfrüherkennungssystem	10
2.1.10 Risikoaverse Organisationsstruktur	10
2.1.11 Projektmanagement	11
2.1.12 Compliance	12
2.1.12.1 Rechte und Pflichten aus dem persönlichen Status des Geschäftsführers	13
2.1.13 Vergütungsanspruch	14
2.1.14 D & O – Versicherung	15
2.2 Risikoerkennung und Maßnahmen	16
2.2.1. Bedeutung von Risiko und Krise	16
2.2.2 Offenbarungspflicht	17
2.2.3 Instrumentarien zur Erkennung	18
2.2.4 Zeitpunkt der Insolvenzreife	19
2.2.4.1 Überschuldung	20
2.2.4.2 Zahlungsunfähigkeit	20
2.2.4.3 Drohende Zahlungsunfähigkeit	21
2.2.4.4 Mögliche Feststellungsfolgen	21
2.2.4.5 Masseerhaltungspflicht	22
2.2.5 Sanierung oder Liquidation	22
2.2.5.1 Sanierung als gemeinsame Aufgabe	23
2.2.5.1.1 Interne Sanierung	23
2.2.5.1.2 Sanierung durch den Gesellschafter	25

2.2.5.1.3	Externe Sanierung	26
2.2.5.1.3.1	Freie Sanierung versus Gerichtliches Verfahren	27
2.2.5.1.3.2	Außergerichtlicher Liquidationsvergleich	27
2.2.5.1.4	Sanierungshilfe durch Kreditinstitute	28
2.2.5.2	Liquidation	28
2.2.5.2.1	Liquidation als letzter Ausweg	28
2.2.5.2.2	Geschäftsführer als Liquidator	29
2.3	Die Rechte und Pflichten des GmbH-Geschäftsführers im Insolvenzverfahren	32
2.3.1	Antragsberechtigte	32
2.3.2	Inhalt des Eigenantrags	33
2.3.3	Rechtslage nach Insolvenzantragstellung	34
2.3.4	Allgemeine Verhaltenspflichten	34
2.3.4.1	Auskunfts- und Mitwirkungspflichten	34
2.3.4.2	Rechtsfolgen bei Verstoß und Beschwerderecht	36
2.3.4.3	Spezielle Mitwirkungspflichten	36
2.3.5	Kreditgeschäfte	36
2.3.6	Insolvenzgeldanspruch	37
2.3.7	Rechtsfolgen bei Abweisung mangels Masse	37
2.3.8	Einstellung im eröffneten Insolvenzverfahren mangels Masse	38
2.3.9	Eigenverwaltung	38
2.3.10	Rechtslage im eröffneten Insolvenzverfahren	38
2.3.11	Vergütungsanspruch	39
2.3.12	Verfahrensrechtliche Pflichten	40
2.4	Haftungsrelevante Fragen	40
2.4.1	Innenhaftung	41
2.4.1.1	§ 43 GmbHG als Generalklausel	41
2.4.1.1.1	Zahlungsverstoß gegen §§ 30, 31 GmbHG	42
2.4.1.1.2	Erwerb eigener Anteile	42
2.4.1.1.3	Falsche Angaben über Leistung der Einlage	43
2.4.1.1.4	Durchsetzung der Unterbilanzhaftung	43
2.4.1.1.5	Eigenkapitalersetzende Gesellschafterleistung	43
2.4.1.1.6	Weisungsrecht und Folgerecht	44
2.4.1.1.7	Treuepflicht	45
2.4.1.1.8	Grundsatz der Gesamtverantwortung	46
2.4.1.1.9	Haftung bei Delegation	46
2.4.1.1.10	Rechnungswesen	46
2.4.1.1.11	Nichtausnutzung der Sanierungsmöglichkeit	47
2.4.1.2	Anstellungsvertrag	48
2.4.1.2.1	§ 280 BGB i.V.m. dem Anstellungsvertrag	48

2.4.1.2.2	SE-Recht aus vertragswidrigem Verhalten	48
2.4.2	Außenhaftung	48
2.4.2.2	Deliktische Haftung aus unerlaubter Handlung	49
2.4.2.1.1	§ 823 I BGB als Generalklausel	49
2.4.2.1.2	§ 823 II BGB i.V.m. einem Schutzgesetz	50
2.4.2.1.3	§ 826 BGB als Extremfall	52
2.4.2.1.4	Verjährungsfrist	52
2.4.2.2	Vertrauenshaftung	52
2.4.2.2.1	Rechtsscheinhaftung	52
2.4.2.2.2	Verschuldenshaftung bei Vertragsverhandlung	53
2.4.2.2.3	Sachwalterhaftung	53
2.4.2.2.4	Prospekthaftung	54
2.4.2.3	Steuerhinterziehung	54
2.4.2.4	Ordnungswidrigkeit	54
2.4.3	Insolvenzhaftungstatbestände	55
2.4.3.1	Insolvenzverschleppung	55
2.4.3.2	Insolvenzverschleppung als Sonderdelikt	57
2.4.3.3	Zahlungsverbot wegen Masseschmälerung	58
2.4.3.4	Insolvenzhaftung durch die Generalklausel	59
2.4.3.5	Eigenkapitalersetzende Sicherheiten	59
2.4.3.6	Insolvenzgeldmanipulation	60
2.4.3.7	Insolvenzdelikte	60
2.4.3.8	Schadensersatz bei Kündigung	61
2.4.3.9	Steuerrecht	62
2.4.3.10	Arbeits- und Sozialversicherungsrecht	64
2.4.4	Haftungsminimierung und Ausschluss	66
2.4.4.1	Weisung und Billigung	66
2.4.4.2	Modifikation des Pflichten- und Sorgfaltsmaßstabs	67
2.4.4.3	Verzicht und Vergleich	68
2.5	Beendigung der Geschäftsführerstellung	68
2.5.1	Amtsniederlegung	69
2.5.2	Kündigung	70
2.5.3	Aufhebungsvertrag	71
3.	**Der GmbH-Gesellschafter**	**72**
3.1	Allgemeine Rechte und Pflichten des GmbH-Gesellschafters zur Krisenprävention	72
3.1.1	Satzungsgestaltung	72
3.1.2	Einflussnahme auf die Geschäftsführung	73
3.1.3	Relevanz der Geschäftsführereignung	73
3.1.4	Gesellschafterversammlung	74

3.1.5	Gesellschafter als Erbringer des Kapitals	74
3.1.6	Kapitalsäumige Gesellschafter	75
3.1.7	Nachschusspflicht	76
3.1.7.1	Beschränkte Nachschusspflicht	76
3.1.7.2	Unbeschränkte Nachschusspflicht	77
3.1.8	Erstattung verbotener Rückzahlungen	77
3.1.9	Präventiver Kapitalschutz	77
3.1.10	Voreinzahlungen zur Krisenvorsorge	78
3.1.11	Treuepflicht	78
3.1.12	Beendigung der Geschäftsführerstellung	79
3.1.12.1	Abberufung	80
3.1.12.2	Kündigung	81
3.2	Mithilfe der Gesellschafter zur Krisenbewältigung	81
3.2.1	Zustimmung bei außergewöhnlichen Geschäftsführungsmaßnahmen	82
3.2.2	Anteil am Liquidationserlös	82
3.3	Die Rechte und Pflichten des GmbH-Gesellschafters im Insolvenzverfahren	83
3.3.1	Fortsetzung der Gesellschaft	83
3.3.2	Informationsrecht	83
3.3.3	Weisungsrecht	84
3.4	Haftungsrelevante Fragen	84
3.4.2	Deliktischer Haftungsanspruch gegen den Manager	85
3.4.2	Falsche Angaben	85
3.4.3	Verletzung des Kapitalerhaltungsgrundsatzes	85
3.4.4	Durchgriffshaftung	86
3.4.4.1	Vermögensvermischung	86
3.4.4.2	Sphärenvermischung	86
3.4.4.3	Unterkapitalisierung	87
3.4.4.4	Existenzbedrohender Eingriff	87
3.4.5	Haftung in der Zeit der Sanierung	88
3.4.6	Haftung im Insolvenzverfahren	88
3.4.6.1	Persönliche Haftung im Insolvenzverfahren	88
3.4.6.2	Insolvenzverschleppung	89
3.4.6.3	Ansprüche gegen der Verwalter	89
3.4.6.4	Kooperationspflicht	89
3.4.6.5	Kapitalschutz	90
3.5	Beendigung der Gesellschaftererstellung	90
3.5.1	Beendigung der GmbH	91
3.5.2	Gesellschafterwechsel	91
3.5.2.1	Anteilsübertragung	92
3.5.2.2	Einziehung	92

3.5.2.3	Ausschluss	92
3.5.2.4	Austritt	93
4.	**Fazit**	**94**
Literaturverzeichnis		**96**

Bearbeitungsvermerk:

Folgende Gliederungspunkte wurden bearbeitet von Denis Bischoff:

1.	Einleitung
2.	Der GmbH-Geschäftsführer
2.1.	Allgemeine Rechte und Pflichten des GmbH-Geschäftsführers zur Krisenprävention
2.1.1	Sorgfalt eines ordentlichen Geschäftsmannes
2.1.3	Geschäftsführer als Hüter des Kapitals
2.1.4.2	Informations- und Einsichtsrechte
2.1.5	Treuepflicht
2.1.7	Steuerrecht
2.1.9	Insolvenzfrüherkennungssystem
2.1.12	Compliance
2.1.14	D & O – Versicherung
2.2.3	Instrumentarien zur Erkennung
2.2.4.2	Zahlungsunfähigkeit
2.2.4.4	Mögliche Feststellungsfolgen
2.2.5	Sanierung oder Liquidation
2.2.5.1	Sanierung als gemeinsame Aufgabe
2.2.5.1.1	Interne Sanierung
2.2.5.1.3	Externe Sanierung
2.2.5.1.3.2	Außergerichtlicher Liquidationsvergleich
2.2.5.2.2	Geschäftsführer als Liquidator
2.3.2	Inhalt des Eigenantrags
2.3.4	Allgemeine Verhaltenspflichten
2.3.4.1	Auskunfts- und Mitwirkungspflichten
2.3.4.3	Spezielle Mitwirkungspflichten
2.3.7	Rechtsfolgen bei Abweisung mangels Masse
2.3.8	Einstellung im eröffneten Insolvenzverfahren mangels Masse
2.3.10	Rechtslage im eröffneten Insolvenzverfahren
2.3.12	Verfahrensrechtliche Pflichten
2.4	Haftungsrelevante Fragen
2.4.1	Innenhaftung
2.4.1.1	§ 43 GmbHG als Generalklausel
2.4.1.1.4.	Durchsetzung der Unterbilanzhaftung
2.4.1.1.6	Weisungsrecht und Folgerecht
2.4.1.1.10	Rechnungswesen
2.4.1.1.11	Nichtausnutzung der Sanierungsmöglichkeit
2.4.2.	Außenhaftung
2.4.2.1	Deliktische Haftung aus unerlaubter Handlung

2.4.2.1.1	§ 823 I BGB als Generalklausel
2.4.2.1.2	§ 823 II BGB i.V.m. einem Schutzgesetz
2.4.2.2	Vertrauenshaftung
2.4.2.2.2	Verschuldenshaftung bei Vertragsverhandlung
2.4.2.2.4	Prospekthaftung
2.4.2.4	Ordnungswidrigkeit
2.4.3.1	Insolvenzverschleppung
2.4.3.2	Insolvenzverschleppung als Sonderdelikt
2.4.3.4	Insolvenzhaftung durch die Generalklausel
2.4.3.6	Insolvenzgeldmanipulation
2.4.3.9	Steuerrecht
2.4.4	Haftungsminimierung und Ausschluss
2.4.4.1	Weisung und Billigung
2.4.4.3	Verzicht und Vergleich
2.5.2	Kündigung
3.	Der GmbH-Gesellschafter
3.1	Allgemeine Rechte und Pflichten des GmbH-Gesellschafters zur Krisenprävention
3.1.1	Satzungsgestaltung
3.1.4	Gesellschafterversammlung
3.1.6	Kapitalsäumige Gesellschafter
3.1.7	Nachschusspflicht
3.1.7.1	Beschränkte Nachschusspflicht
3.1.7.2	Unbeschränkte Nachschusspflicht
3.1.10	Voreinzahlungen zur Krisenvorsorge
3.1.12	Beendigung der Geschäftsführerstellung
3.1.12.1	Abberufung
3.2.	Mithilfe der Gesellschafter zur Krisenbewältigung
3.2.1	Zustimmung bei außergewöhnlichen Geschäftsführungsmaßnahmen
3.2.2	Informationsrecht
3.4.3	Verletzung des Kapitalerhaltungsgrundsatzes
3.4.4.2	Sphärenvermischung
3.4.4.4	Existenzbedrohender Eingriff
3.4.6	Haftung im Insolvenzverfahren
3.4.6.1	Persönliche Haftung im Insolvenzverfahren
3.4.6.3	Ansprüche gegen der Verwalter
3.5.	Beendigung der Gesellschafterstellung
3.5.1	Beendigung der GmbH
3.5.2.1	Anteilsübertragung

3.5.2.3	Ausschluss
4.	Fazit

Folgende Gliederungspunkte wurden bearbeitet von Taylan Derya Ciftci:

1.	Einleitung
2.1.2	Leitungsaufgaben des Geschäftsführers
2.1.4	Organisationspflichten des Managers
2.1.4.1	Einberufung der Gesellschafterversammlung
2.1.4.3	Gesellschafterwechsel
2.1.6	Rechnungswesen
2.1.8	Arbeits- und Sozialversicherungsrecht
2.1.10	Risikoaverse Organisationsstruktur
2.1.11	Projektmanagement
2.1.13	Vergütungsanspruch
2.2.	Risikoerkennung und Maßnahmen
2.2.1	Bedeutung von Risiko und Krise
2.2.2	Offenbarungspflicht
2.2.4	Zeitpunkt der Insolvenzreife
2.2.4.1	Überschuldung
2.2.4.3	Drohende Zahlungsunfähigkeit
2.2.4.5	Masseerhaltungspflicht
2.2.5.1.2	Sanierung durch den Gesellschafter
2.2.5.1.3.1	Freie Sanierung versus Gerichtliches Verfahren
2.2.5.1.4	Sanierungshilfe durch Kreditinstitute
2.2.5.2.	Liquidation
2.2.5.2.1	Liquidation als letzter Ausweg
2.3	Die Rechte und Pflichten des GmbH-Geschäftsführers im Insolvenzverfahren
2.3.1	Antragsberechtigte
2.3.3	Rechtslage nach Insolvenzantragstellung
2.3.4.2	Rechtsfolgen bei Verstoß und Beschwerderecht
2.3.5	Kreditgeschäfte
2.3.6	Insolvenzgeldanspruch
2.3.9	Eigenverwaltung
2.3.11	Vergütungsanspruch
2.4.1.1.1	Zahlungsverstoß gegen §§ 30, 31 GmbHG
2.4.1.1.2	Erwerb eigener Anteile
2.4.1.1.3	Falsche Angaben über Leistung der Einlage
2.4.1.1.5	Eigenkapitalersetzende Gesellschafterleistung
2.4.1.1.7	Treuepflicht

2.4.1.1.8	Grundsatz der Gesamtverantwortung
2.4.1.1.9	Haftung bei Delegation
2.4.1.2	Anstellungsvertrag
2.4.1.2.1	§ 280 BGB i.V.m. dem Anstellungsvertrag
2.4.1.2.2	SE-Recht aus vertragswidrigem Verhalten
2.4.2.1.3	§ 826 BGB als Extremfall
2.4.2.1.4	Verjährungsfrist
2.4.2.2.1	Rechtsscheinhaftung
2.4.2.2.3	Sachwalterhaftung
2.4.2.3	Steuerhinterziehung
2.4.3.3	Zahlungsverbot wegen Masseschmälerung
2.4.3.5	Eigenkapitalersetzende Sicherheiten
2.4.3.7	Insolvenzdelikte
2.4.3.8	Schadensersatz bei Kündigung
2.4.3.10	Arbeits- und Sozialversicherungsrecht
2.4.4.2	Modifikation des Pflichten- und Sorgfaltsmaßstabs
2.5	Beendigung der Geschäftsführerstellung
2.5.1	Amtsniederlegung
2.5.3	Aufhebungsvertrag
3.1.2	Einflussnahme auf die Geschäftsführung
3.1.3	Relevanz der Geschäftsführereignung
3.1.5	Gesellschafter als Erbringer des Kapitals
3.1.8	Erstattung verbotener Rückzahlungen
3.1.9	Präventiver Kapitalschutz
3.1.11	Treuepflicht
3.1.12.2	Kündigung
3.2.2	Anteil am Liquidationserlös
3.3	Die Rechte und Pflichten des GmbH-Gesellschafters im Insolvenzverfahren
3.3.1	Fortsetzung der Gesellschaft
3.3.3	Weisungsrecht
3.4	Haftungsrelevante Fragen
2.4.1	Deliktischer Haftungsanspruch gegen den Manager
3.4.2	Falsche Angaben
3.4.4	Durchgriffshaftung
3.4.4.1	Vermögensvermischung
3.4.4.3	Unterkapitalisierung
3.4.5	Haftung in der Zeit der Sanierung
3.4.6.2	Insolvenzverschleppung
3.4.6.4	Kooperationspflicht

3.4.6.5	Kapitalschutz
3.5.2	Gesellschafterwechsel
3.5.2.2	Einziehung
3.5.2.4	Austritt
3.	Fazit

Abkürzungsverzeichnis

AG	Aktiengesellschaft
AktG	Aktiengesetz
Alt.	Alternative
AO	Abgabenordnung
Art.	Artikel
BAG	Bundesarbeitsgericht
BFH	Bundesfinanzhof
BGB	Bürgerliches Gesetzbuch
BGH	Bundesgerichtshof
BGHZ	Entscheidungen des Bundesgerichtshofs
bzw.	beziehungsweise
d.h.	das heißt
DIN	Deutsches Institut für Normung e. V.
etc.	et cetera (und die übrigen)
ff.	fortfolgend
FGG	Gesetz über die Angelegenheiten der freiwilligen Gerichtsbarkeit
GenG	Genossenschaftsgesetz
GG	Grundgesetz
ggü.	gegenüber
GmbH	Gesellschaft mit beschränkter Haftung
GmbHG	Gesetz betreffend die Gesellschaften mit beschränkter Haftung
GmbhR	GmbH-Rundschau
GuV	Gewinn und Verlust
HGB	Handelsgesetzbuch
i.d.R.	in der Regel
InsO	Insolvenzordnung
i.S.d.	im Sinne des
i.V.m.	in Verbindung mit
LAG	Landesarbeitsgericht
Mio.	Millionen
MoMiG	Gesetz zur Modernisierung des GmbH-Rechts und zur Bekämpfung von Missbräuchen
NJW	Neue Juristische Woche

NJW – RR	Rechtsprechungs-Report Zivilrecht
OLG	Oberlandesgericht
OwiG	Ordnungswidrigkeitengesetz
Rn.	Randnummer
S.	Seite
SchwarzArbG	Schwarzarbeitsbekämpfungsgesetz
SE	Schadensersatz
SGB	Sozialgesetzbuch
sog.	so genannt
StGB	Strafgesetzbuch
u.a.	unter anderem
überarb.	überarbeitet
UmwG	Umwandlungsgesetz
usw.	und so weiter
z.B.	zum Beispiel
ZIP	Zeitschrift für Wirtschaftsrecht
ZPO	Zivilprozessordnung

1. Einleitung

Die Gesellschaft mit beschränkter Haftung ist in Deutschland eine juristische Person des Privatrechts. Die GmbH ist der Sparte der Kapitalgesellschaften zuzuordnen. Die GmbH ist heutzutage die am häufigsten gewählte Rechtsform, deren Zahl am Ende des Jahres 2007 über 1 Million liegt. Gründe, die für ihre Beliebtheit sprechen, sind vor allem die Haftungsbeschränkung auf das Gesellschaftsvermögen sowie die hohe Flexibilität der Satzungsgestaltung. Sie ist als juristische Person selbständige Trägerin von Rechten und Pflichten, sie kann im eigenen Namen Rechte erwerben und Pflichten begründen, Verträge abschließen und vor Gericht klagen und verklagt werden.

In der Krise haben sowohl die Gesellschafter als auch der Geschäftsführer vielfältige rechtliche Interessen verschiedener Personen innerhalb und außerhalb der GmbH zu beachten. Von ihrem Verhalten ist die GmbH abhängig, in welche wirtschaftliche Richtung sich diese bewegt. Gesellschafter oder Geschäftsführer ohne ausreichende juristische Bildung können leicht in Schwierigkeiten geraten, bis hin zur sowohl zivil- als auch strafrechtlichen Haftung.

Diese Untersuchung befasst sich mit den Rechten und Pflichten des Geschäftsführers und der Gesellschafter in der Krise der GmbH. In den jeweiligen Phasen, von der Prävention bis nach der Krise, werden die wichtigsten Rechte und Pflichten chronologisch sowie der organschaftliche und persönliche Status dargestellt. In diesem Werk werden die rechtlichen Neuerungen, insbesondere die Neugestaltung des GmbH-Rechts durch das Gesetz zur Modernisierung des GmbH-Rechts und zur Bekämpfung von Missbräuchen (MoMiG) und sonstige aktuelle Änderungen mit Bezug auf die Internationalisierung des Gesellschaftsrechts, berücksichtigt.

2. Der GmbH-Geschäftsführer

2.1 Allgemeine Rechte und Pflichten des GmbH-Geschäftsführer zur Krisenprävention

Die GmbH bedient sich aufgrund ihrer Handlungsunfähigkeit der Leitung eines Geschäftsführers, im Sprachgebrauch auch bekannt als Manager. Diese gesellschaftsrechtliche Stellung als zweites notwendiges Organ wird ihm kraft seiner Bestellung durch die Gesellschafterversammlung, erstes notwendiges Organ, verliehen. Das Management bedarf natürlich auch Eigenschaften wie Führungsqualität, fachliches Know-how, Durchsetzungsvermögen, Mitarbeitermotivation, um Krisen und Insolvenzen vorzubeugen. In vielen GmbHs ist nach dieser Betrachtungsweise beziehungsweise nach der Frage, welche Auswahlkriterien zu beachten sind, die Entscheidung gefallen, wer Geschäftsführer wird. Jedoch ist zu bedenken, dass das Amt des Geschäftsführers auch eine rechtliche Komponente aufweist. In dem heutigen Zeitalter, in dem ständig neue gesetzgeberische Änderungen stattfinden, ist auch auf eine rechtliche Qualifikation oder Aneignung und Fortbildung zu achten. Die Rechte und Pflichten aus dem organschaftlichen Status, die dabei eine Rolle spielen, bestimmen sich nach dem GmbH-Gesetz, dem Gesellschaftsrecht, der Satzung und aus ergänzenden Gesellschafterbeschlüssen.[1] Im Folgenden werden allgemeine Rechte und Pflichten des Geschäftsführers erläutert, wobei auch diese eine Relevanz in Zeiten einer Krise haben beziehungsweise Auslöser einer solchen werden können.

2.1.1 Sorgfalt eines ordentlichen Geschäftsmannes

Der Geschäftsführer hat in Angelegenheiten der Gesellschaft die Sorgfalt eines ordentlichen Geschäftsmannes anzuwenden (§ 43 I GmbHG, „safe harbour"). Anknüpfungspunkte sind die gesetzlichen Umschreibungen nach § 347 HGB, „die Sorgfalt eines ordentlichen Kaufmanns", und nach § 93 AktG, „die Sorgfalt eines ordentlichen und gewissenhaften Geschäftsleiters". Die Sorgfaltspflicht aus § 43 GmbHG entspricht der aus § 93 AktG, wobei der Geschäftsführer der GmbH oder der Vorstand der Aktiengesellschaft sich sowohl intern gegenüber der Gesellschaft als auch extern gegenüber den Geschäftspartnern zuverlässig und vertrauenswürdig verhalten soll. Grundsätzliche Pflichten, die in diesen Bereich fallen, sind die Wahrung der Rechtsordnung, des wirtschaftlichen Vorteils, die Zusammenarbeit mit den Gesellschaftsorganen sowie die Einhaltung der Loyali-

---

[1] Rocco, Der GmbH-Geschäftsführer, S.1

tätspflicht. Das Ziel ist eine ordnungsgemäße Unternehmensführung zwecks Erreichung der Unternehmensziele.[2] Ebenso hat hierbei der Geschäftsführer für eine nachhaltige Rentabilität zu sorgen und Verluste zu vermeiden. Die Sorgfaltspflichten werden hierbei in allgemeine, die sich aus Gesetz, Satzung, Gesellschafterbeschlüssen oder allgemein anerkannten Grundsätzen ergeben, und spezielle, die hingegen aus den Umständen des Einzelfalls resultieren können, aufgeteilt. Folglich muss der GmbH-Geschäftsführer die Leitungsentscheidungen entsprechend ihrer Bedeutung und Tragweite für das Unternehmen angemessen vorbereiten, damit ihm keine Grenzen entgegenstehen, die zur Haftung führen könnten. Selbst wenn er risikoreiche Entscheidungen trifft, die innerhalb seiner Befugnisse stehen (Ermessensspielraum), und sich diese unternehmerischen Risiken verwirklichen oder Verluste eintreten, kann er nicht dafür verantwortlich gemacht werden (business judgement rule)[3], sondern nur für pflichtwidrige Entscheidungen, das Risiko einzugehen. Aufgrund der business judgement rule wird daher die Organinnenhaftung wegen fehlerhafter Unternehmensleitung gemildert.

2.1.2 Leitungsaufgaben des Geschäftsführers

Die Hauptaufgabe des Geschäftsführers ist die optimale Verwirklichung der Leitung. Darunter fallen umfassende Tätigkeiten im kaufmännischen, technischen, personellen beziehungsweise sozialen Bereich, um der grundsätzlichen Gewinnerzielungsabsicht der GmbH gerecht zu werden[4] und nicht in mögliche unternehmerische Risiken zu geraten.

Um die Leitungsaufgaben ausführen zu können, bedarf es der Geschäftsführungsbefugnis des Geschäftsführers im Verhältnis zur Gesellschaft (Innenverhältnis). Diese Befugnis regelt den Rahmen in welchem Umfang bzw. ob und in welchen Angelegenheiten die Erlaubnis besteht, Geschäfte zu führen. Sobald der Geschäftsführer nach außen auftritt und rechtsgeschäftliche Handlungen vornimmt, ist die Vertretungsmacht kraft seiner Organstellung gemäß § 35 GmbHG gegeben (Außenverhältnis). Daher vertritt der Geschäftsführer die GmbH gerichtlich und außergerichtlich. Die Gesellschafterversammlung kann dem Geschäftsführer in Fragen der Geschäftsführung detaillierte Vorgaben hinsichtlich seiner Tätigkeit erteilen, jedoch nicht selbst die Vertretung der Gesellschaft nach außen übernehmen (Unbeschränkbarkeit und Unübertragbarkeit der Vertre-

---

[2] Muschalle/Schultze, Die Haftung des Geschäftsführers, S.48
[3] Rocco, Der GmbH-Geschäftsführer, S.292; BGHZ 135, 244, 257; BGH DB 2002, 473
[4] Rocco, Der GmbH-Geschäftsführer, S.20

tungsmacht).[5] Solche Beschränkungen können durch die Satzung im Gesellschaftsvertrag, Gesellschafterbeschlüsse, Geschäftsführungskompetenzen der Gesellschafter nach § 46 GmbHG, Zustimmungsvorbehalte im Anstellungsvertrag sowie bei außergewöhnlichen Geschäften bestehen.[6]

2.1.3 Geschäftsführer als Hüter des Kapitals

Das Kapitalsicherungssystem, durch den Gesetzgeber und ergänzende Rechtsprechung geschaffen, zwingt den Geschäftsführer zur Einhaltung der Stammkapitalvorschriften. Zum einen ist das vereinbarte Stammkapital tatsächlich effektiv aufzubringen, und zum anderen dient dieses den Gläubigern als Haftungsfond.[7] Bisher ist für die GmbH ein Stammkapital in Höhe von mindestens 25.000 € erforderlich, wobei bei Gründung die Stammeinlage zu einem Viertel eingezahlt sein muss, aber mindestens 12.500 € zu betragen hat (§§ 5 I, 7 II GmbHG).[8] Die Neuerung des GmbHG durch das MoMiG sieht hingegen die Absenkung des Mindeststammkapitals auf 10.000 € vor, wodurch nur noch mindestens 5.000 € bei Gründung zu leisten sind. Des Weiteren muss die Stammeinlage derzeit durch 50 € teilbar sein und mindestens 100 € betragen (§§ 5 I, III GmbHG), während in Zukunft die Stammeinlage nur noch auf volle € lauten muss. Auf der Grundlage eines Gesellschafterbeschlusses erfolgt gemäß § 46 Nr. 2 GmbHG die spätere Einforderung der Stammeinlagen.

Im Rahmen der GmbH-Novelle wurde ebenso die „Mini-GmbH" hervorgebracht, die die englische Limited in Deutschland überflüssig machen soll. Durch den neuen § 5 a GmbHG soll die „Mini-GmbH" mit nur einem Euro Stammkapital zu gründen sein (sog. Unternehmergesellschaft). Jene soll jedoch strengeren Transparenz- und Kapitalerhaltungsvorschriften ausgesetzt sein, um den Gläubigerschutz zu wahren. Nach § 5 a III GmbHG hat die Gesellschaft jedes Jahr ein Viertel des Jahresüberschusses als Rücklage zu bilanzieren (Kapitalaufbau). Eine Umwandlung zur echten GmbH kann bei Vorliegen der nötigen 10.000 € Schwelle vollzogen werden.

Die Durchsetzung der Einlageforderung kann auch gerichtlich und durch die darauf folgende Zwangsvollstreckung erfolgen.

---

[5] Rocco, Der GmbH-Geschäftsführer, S.25; Franz, Der GmbH-Geschäftsführer, S.20
[6] Prühs, GmbH-Geschäftsführer: Rechte und Pflichten, S.188
[7] Rocco, Der GmbH-Geschäftsführer, S.67
[8] Prühs, GmbH-Geschäftsführer: Rechte und Pflichten, S.174

Schützende Vorschriften sind zum einen der Grundsatz der Kapitalerhaltung, d.h. das Auszahlungsverbot aus § 30 GmbHG[9], und zum anderen der daraus folgende Anspruch auf Erstattung verbotener Zahlungen nach § 31 GmbHG.[10] Rückzahlungsansprüche bestehen nicht nur bei Unterbilanz, sondern genauso bei Auszahlungen im Stadium der Überschuldung. Eine Überschuldung ist gegeben, wenn die Schulden das Vermögen übersteigen. Fällt das zwar noch vorhandene Reinvermögen unter die Stammkapitalziffer, so wird hingegen von einer Unterbilanz gesprochen.[11] Der Geschäftsführer als Hüter des Kapitals ist demnach dafür verantwortlich, dass sich nicht aus dem Vermögen der Gesellschaft zu Lasten des Stammkapitals bedient wird. Dieser Anspruch verjährt nach § 31 V GmbHG in zehn Jahren ab dem Zeitpunkt der Auszahlung. Bei Missachtung kann der Geschäftsführer von der Gesellschaft persönlich in Anspruch genommen werden (§ 43 III GmbHG).

Ebenso sind Kredite aus dem für das Stammkapital erforderliche Gesellschaftsvermögen gemäß § 43 a GmbHG verboten. Sonstige Vermögensverschiebungen wie verdeckte Gewinnausschüttungen, Darlehen an Gesellschafter und Bestellungen von Sicherheiten aus der Sphäre der Gesellschaft in die des Gesellschafters fallen auch unter den Schutz des § 30 I GmbHG, so dass auch hier der Geschäftsführer, der die Kreditgewährung vorgenommen hat, persönlich haften kann.

Bei dem Erwerb eigener Geschäftsanteile hat der Geschäftsführer darauf zu achten, dass die Gesellschaft eigene Anteile, auf welche die Einlage noch nicht geleistet ist, nicht erwerben oder als Pfand nehmen darf (§ 33 I GmbHG). Bei voll einbezahlter Stammeinlage für einen Geschäftsanteil ist ein Erwerb nach § 33 II GmbHG möglich, sofern der Erwerb aus dem über den Betrag des Stammkapitals hinausgehenden vorhandenen Vermögen geschieht und bilanzrechtlich gemäß § 272 IV HGB eine Rücklage für eigene Anteile gebildet wird. Gemäß 33 III GmbHG ist der Erwerb eigener Anteile auch zulässig, wenn Abfindungen von Gesellschaftern im Rahmen von bestimmten Umwandlungsvorgängen zu zahlen sind. Rechte aus den Geschäftsanteilen, die die GmbH wirksam für sich erworben hat, können von der Gesellschaft nicht genutzt werden. Somit kann die GmbH nicht einen Gewinn aus eigenen Anteilen an sich selbst ausschütten oder die Stimmrechte ausüben. Die Summe aller möglichen Stimmrechte der Gesellschafter beträgt immer hundert Prozent, eigene Geschäftsanteile der GmbH ausgenommen.

---

[9] Prühs, GmbH-Geschäftsführer: Rechte und Pflichten, S.175
[10] Siehe unter: 2.5.1.1.1. Zahlungsverstoß gegen § 30 GmbHG
[11] Rocco, Der GmbH-Geschäftsführer, S. 71

2.1.4 Organisationspflichten des Managers

Aus dem organschaftlichen Status des Geschäftsführers ergibt sich bezüglich der Organisationspflichten eine „to-do"- Liste, die im Rahmen seiner Tätigkeit grundsätzlichen Charakter hat. Schenkt der Geschäftsführer diesen Aufgaben keine Beachtung, so können aus vermeintlich kleinen Problemen schwerwiegende Folgen mit großer Auswirkung entstehen.

Der Geschäftsführer hat den Geschäftsbetrieb so zu organisieren und zu überwachen, dass keine Rechtsverletzungen entstehen und eine Haftung vermieden wird.[12]

2.1.4.1 Einberufung der Gesellschafterversammlung

In seine Verantwortung fällt die Aufgabe der Einberufung der Gesellschafterversammlung, die sich aus § 49 GmbHG ergibt. Die Durchführung der Versammlung ist nicht Teil des Aufgabenbereichs des Managers, es besteht noch nicht einmal ein Teilnahmerecht. Sein Erscheinen erfolgt auf Weisung der Gesellschafterversammlung. Der Anlass der Einberufung kann aus verschiedenen Gründen bestehen, z.B. die einmal jährlich stattfindende ordentliche Gesellschafterversammlung, auf der der Jahresabschluss festgestellt und über die Gewinnverwendung beschlossen wird oder die Einberufung nach § 49 II GmbHG, falls das Interesse der Gesellschaft es erfordert beziehungsweise es um Entscheidungen geht, die nicht mehr in seinem Zuständigkeitsbereich liegen. Weiterhin ist bei einer qualifizierten Unterbilanz, d.h. wenn die Hälfte des Stammkapitals aufgezehrt ist, unverzüglich die Gesellschafterversammlung einzuberufen.[13] Er hat folglich laufend die wirtschaftliche Lage zu beobachten und sich bei kritischen Entwicklungen einen Überblick über den Vermögensstand zu verschaffen.[14] Ebenso können die Gesellschafter unter Angabe des Zwecks und der Gründe selbst den Geschäftsführer anweisen, eine Gesellschafterversammlung einzuberufen, wobei die Gesellschafter mindestens 10 % des Stammkapitals halten müssen (§ 50 GmbHG). Die Form und der Inhalt der Einberufung sind gemäß § 51 GmbHG ebenfalls zu wahren.

---

[12] siehe unter: 2.4.2.1.1. § 823 I BGB als Generalklausel
[13] Rocco, Der GmbH-Geschäftsführer, S.151
[14] BGH ZIP 1995, 560, 561

2.1.4.2 Informations- und Einsichtsrechte

Weiterhin ist der Geschäftsführer dazu verpflichtet, Informations- und Einsichtsrechte der Gesellschafter nach § 51a GmbHG, die Individualrechte und Ausdruck des Minderheitsschutzes sind, zu erfüllen. Dieses unentziehbare und umfassende Recht des Gesellschafters ggü. dem Geschäftsführer bezieht sich auf sämtliche Angelegenheiten beziehungsweise Unterlagen der GmbH sowohl über abgeschlossene als auch in Zukunft geplante Vorgänge. Die Art der Auskunftserteilung, ob mündlich oder schriftlich, liegt im Ermessen des Geschäftsführers. Anspruchsgegner des Anspruchs auf Auskunftserteilung und Einsicht ist stets die GmbH, nicht jedoch der Geschäftsführer, der nur für die Erfüllung des Anspruchs zuständig ist.[15] Die Verweigerung des Geschäftsführers nach Herbeiführen eines Gesellschafterbeschlusses durch die Gesellschafterversammlung ist nur in Ausnahmefällen, bei Rechtsmissbrauch oder bei Befürchten der Nutzung zu gesellschaftsfremden Zwecken und dem daraus entstehenden nicht unerheblichen Nachteil, möglich.

2.1.4.3 Gesellschafterwechsel

Die freie Übertragbarkeit von Geschäftsanteilen ist als Grundsatz in § 15 I GmbHG verankert. Üblich jedoch in der Geschäftswelt der GmbH ist die Verknüpfung der Abtretung der Geschäftsanteile an die Genehmigung der restlichen Gesellschafter durch Ausschluss der freien Übertragbarkeit in der Satzung, auch als Vinkulierungsklausel bekannt (§ 15 V GmbHG). Diese Klausel minimiert die Gefahr, dass ein Dritter die Gesellschafterstellung ohne Zustimmung der Gesellschafter allein durch die Genehmigung des Geschäftsführers erlangt. Die Pflicht des Geschäftsführers ist, zum Zweck der Veräußerung oder des Erwerbs eines Geschäftsanteils eine Gesellschafterversammlung ordentlich einzuberufen, wenn ein ermächtigender Gesellschafterbeschluss fehlt. Erst dann kann der Geschäftsführer bei Zustimmung eine Genehmigung erteilen.[16] So wird einem nicht genehmen Gesellschafter, der der Konkurrenz zugehört, der Erwerb, der zum Schaden der GmbH führen kann, verweigert.

---

[15] Rocco, Der GmbH-Geschäftsführer, S.90
[16] OLG Hamburg GmbHR 1992, 609, 610

2.1.5 Treuepflicht

Unter Treuepflicht, auch Loyalitätspflicht genannt,[17] versteht man zunächst die aktive Förderungspflicht, wonach der Unternehmensgegenstand möglichst effektiv und mit den zu Verfügung stehenden Mitteln zu verwirklichen ist, sowie Unterlassungspflichten in Form von Schutz- und Rücksichtnahmepflichten.[18]
Im Vordergrund steht daher das Wohl der Gesellschaft und nicht der eigene Nutzen. Der Geschäftsführer hat seine ganze Arbeitskraft der GmbH zu widmen, soweit ihm keine Nebentätigkeit gestattet ist. Aufgrund seiner weitreichenden Befugnisse, die erhebliches Gefahrenpotential in sich bergen, trifft ihn eine gesteigerte Rücksichtnahmepflicht. Aus diesem Gebot folgt unter anderem auch eine weitreichende Verschwiegenheitspflicht über „Geschäftsinterna". Ebenso darf der Geschäftsführer nicht mit der Gesellschaft in Wettbewerb treten. Obwohl es für den GmbH-Geschäftsführer an einer gesetzlichen Bestimmung fehlt, besteht Einigkeit, dass auch ohne dahingehende Satzungsregelung oder Vereinbarung im Anstellungsvertrag ein Wettbewerbsverbot als Ausfluss der organschaftlichen Treuepflicht anzuerkennen ist.[19] Das organschaftliche Wettbewerbsverbot des Geschäftsführers beschränkt sich nach herrschender Meinung nur auf echte Konkurrenzaktivitäten.[20]

Ein weiterer Gesichtspunkt ist die Geschäftschancenlehre, wobei hier offen bleiben kann, ob sie eine besondere Ausprägung des Wettbewerbsverbots oder eine eigenständige Fallgruppe der Treuepflicht ist. Jedenfalls hat der Geschäftsführer hiernach unternehmerische Chancen für die Gesellschaft, auch bei privater Kenntnisnahme[21], wahr zu nehmen und nicht stattdessen sich selbst oder einem Dritten die Geschäftschance zu verschaffen. Die Geschäftschance muss in den üblichen Tätigkeitsbereich der GmbH fallen und auf ein nicht unerhebliches Interesse der Gesellschaft stoßen.[22]

---

[17] Krieger/Schneider, Managerhaftung, S.24 Rn.33
[18] Rocco, Der GmbH-Geschäftsführer, S.101
[19] Krieger/Schneider, Managerhaftung, S.549, Rn.1; Baumbach/Hueck, GmbH-Gesetz, §35 GmbHG, Rz.41ff.
[20] Armbrüster, ZIP 1997, 1269, 1276; Krieger/Schneider, Managerhaftung, S.552, Rn.7
[21] BGH NJW 1986, 585, 586
[22] OLG Frankfurt GmbHR 1988, 376, 378

2.1.6 Rechnungswesen

Eine weitere Bedeutung hat der Geschäftsführer der in § 41 GmbHG verankerten Buchführungspflicht, nach Maßgabe der Vorschriften in den §§ 238 ff. HGB, beizumessen. Die GmbH ist verpflichtet, Bücher zu führen (§ 238 I HGB) und Jahresabschlüsse zu erstellen (§ 242 HGB); dazu gehört auch der Lagebericht.[23] Die Organisation, also die Überwachung und Kontrolle, liegt in der Hand des Geschäftsführers, damit ständig die wirtschaftliche und finanzielle Lage der GmbH zur erkennen ist.[24] Der Zweck hierbei ist die frühzeitige Vermeidung beziehungsweise Erkennung von Finanzproblemen. Insbesondere bei Verlust der Hälfte des Stammkapitals hat er gemäß § 49 III GmbHG eine außerordentliche Gesellschafterversammlung einzuberufen oder im Falle der Überschuldung Insolvenzantrag zu stellen.

2.1.7 Steuerrecht

Ebenso wie bei der Buchführung ist der Geschäftsführer nach § 34 I AO für die steuerrechtlichen Pflichten verantwortlich. Aufgrund des umfangreichen Steuerrechts, sei es die Körperschaftssteuer, Kapitalertragssteuer bei Ausschüttung an die Gesellschafter, Gewerbesteuer, falls die GmbH umsatzsteuerpflichtige Umsätze ausführt, die Umsatzsteuer oder die Lohnsteuer für die Arbeitnehmer, hat der Geschäftsführer professionellen Rat des Steuerberaters einzuholen, außer er ist selbst in der Lage, das komplizierte Steuerrecht zu bewältigen. Unnötige Nachzahlungen und Strafsteuern können so vermieden werden. Die Gefahr der strafbaren Steuerhinterziehung und das Risiko der persönlichen Haftung sind hier gegeben.

2.1.8 Arbeits- und Sozialversicherungsrecht

Der Geschäftsführer, der die Arbeitgeberfunktionen der GmbH wahrnimmt, hat für die Einhaltung des Arbeits- und Sozialrechts zu sorgen. Besondere Sorgfalt gilt der Abführung der Sozialversicherungsbeiträge und der Teilnahme am Umlageverfahren der Krankenkassen (Betriebe mit nicht mehr als 30 Arbeitnehmern sind gesetzlich dazu verpflichtet). Der Geschäftsführer hat darauf zu achten, dass die Zahlungspflicht von Sozialversicherungsbeiträgen unabhängig von der Auszahlung der Löhne ist, das heißt gleichzeitig auch, dass die Zahlungspflicht solange besteht, bis etwaige Mittel nicht mehr zur Verfügung stehen.

---

[23] Bieg/Kußmaul, Externes Rechnungswesen, S.1 ff.
[24] BGH, GmbHR 1995, 299

2.1.9 Insolvenzfrüherkennungssystem

Das Gesetz zur Kontrolle und Transparenz im Unternehmensbereich, das sich auch in der gesetzlichen Regelung des § 91 II AktG für die Aktiengesellschaft widerspiegelt, wird auch für GmbH relevant. Hiernach sind geeignete Maßnahmen zu treffen, insbesondere ein Überwachungssystem einzurichten, damit eine Krise früh erkannt wird (Risikofrüherkennungssystem). Jedoch muss in der heutigen Zeit, in der das Nichterkennen einer Chance ein beträchtliches Risikopotential beinhaltet, an die Stelle des vom Gesetzgeber verlangten Risikofrüherkennungssystems ein modernes Risikomanagementsystem treten, das neben Risiken auch Chancen erfasst.[25] Der Geschäftsführer ist daher verpflichtet, im Rahmen seiner Organisationsverantwortung ein adäquates Risikomanagementsystem sowie ein Überwachungssystem zu installieren. Das Überwachungssystem beinhaltet organisatorische Sicherungsmaßnahmen, interne Kontrollen und Prüfungen. Es ist für ein optimales Verhältnis von Risiko und Chance zu sorgen, also die Risiken bestmöglich zu reduzieren und überhöhte Risiken vollständig zu vermeiden (Präventivfunktion).[26] Weiterhin soll durch Prüfungen festgestellt werden, ob die Maßnahmen des Risikomanagementsystems funktionieren und, falls erforderlich, korrigiert werden. Das Risikomanagementsystem hat also durch organisatorische Regelungen sicherzustellen, dass Risiken frühzeitig identifiziert, sei es mit Hilfe vergangenheitsbezogener Daten (Operatives Frühwarnsystem) durch Bilanzanalyse, Kennzahlen, Kennzahlensysteme zur Standortbestimmung oder zukunftsorientierter Daten (Strategische Frühaufklärung), regelmäßig bewertet und anschließend angemessen gesteuert werden.[27] Die Dokumentation der relevanten Vorgänge (Berichtswesen) und damit die gleichzeitige Information für die Geschäftsleitung über bestehende und zukünftige Risiken sind ebenso von Relevanz. Anhand des Berichtswesens werden konkret drohende Risiken in dem betreffenden Geschäftsbereich ermittelt und zur Bewältigung Strategien entwickelt.

2.1.10 Risikoaverse Organisationsstruktur

Im Rahmen eines präventiven Krisenmanagementsystems hat der Geschäftsführer für eine perfekte Organisation zu sorgen, also einen ineffizienten Aufbau oder einen schwerfälligen Ablauf zu beseitigen. Eine reibungslose Organisationsstruktur mindert nicht nur die Kosten des Unter-

---

[25] Schmidt/Uhlenbruck, Die GmbH in Krise, Sanierung und Insolvenz, S.54, Rn.125
[26] Muschalle/Schultze, Die Haftung des Geschäftsführers, S.57
[27] Schmidt/Uhlenbruck, Die GmbH in Krise, Sanierung und Insolvenz, S.55, Rn.127

nehmens, sondern verbessert auch den Arbeitsablauf und Informationsfluss. Flexible und innovationsförderliche Organisationsstrukturen lassen eine schnelle Reaktion auf kurzfristig veränderte Rahmenbedingungen zu (Lean Management).[28] Empfehlenswert ist eine flache Hierarchie mit kurzen Kommunikationswegen, eine Dezentralisierung, geringe Spezialisierung auf Stellen und Abteilungsebenen und die Minimierung der Stärke zentraler unterstützender Abteilungen.[29] Die Unternehmensorganisation ist nicht prinzipiell festzulegen, da eine Beurteilung nur unter Berücksichtigung des konkreten Einzelfalls erfolgen kann.

Des Weiteren ist in der Unternehmensorganisation ein Krisenfrühwarnsystem zu implementieren. Dazu sind Kontrollinstanzen notwendig. Eine Kontrollinstanz ist die Gesellschafterversammlung, die durch die Berichtspflicht des Geschäftsführers informiert wird. Eine externe Unternehmenskontrolle stellt der Prüfungsbericht nach § 321 I HGB (Wirtschaftsprüfung) dar, der unter bestimmten Voraussetzungen gesetzlich vorgeschrieben ist. Interne Kontrollen können durch ein Frühwarnsystem, das auf Krisenindikatoren abstellt, installiert werden. Der Sinn dieses Systems ist die Überwachung und Kontrolle der betrieblichen Unternehmungen der GmbH.

Es ist demnach eine zentrale Aufgabe des Geschäftsführers, eine funktionierende Unternehmensorganisation zu schaffen und die entsprechenden Aufgaben zu delegieren.

2.1.11 Projektmanagement

Ein besonderes Augenmerk hat der Geschäftsführer auf ein funktionierendes Projektmanagement zu richten, um im Vorfeld einer erfolgreichen Planung etwaige unternehmerische „Turbulenzen" zu minimieren. Nach der DIN-Norm wird das Projektmanagement als Gesamtheit von Führungsaufgaben, -organisation, -techniken und -mitteln für die Abwicklung eines Projektes definiert. Hierbei sollte der Geschäftsführer klare Grenzen bezüglich der Projektdauer, des Budgets und der Ressourcen ziehen. Dieses Management dient dem effizienten und strukturierten Vorgehen einer Vision. Im Rahmen einer Projektvorstudie wird entschieden, ob es auch zur Realisierung kommt, indem man verschiedene Aspekte berücksichtigt, wie etwa ein grobes Fachkonzept, eine Aufwandschätzung oder Kosten- und Nutzenanalyse. Ein erfolgreiches Projektmanagement dient dem Unternehmen und wirkt somit präventiv.

---

[28] Schmidt/Uhlenbruck, Die GmbH in Krise, Sanierung und Insolvenz, S.47, Rn.106
[29] Jung, Allgemeine Betriebswirtschaftslehre, S.276 ff.

2.1.12 Compliance

Unter dem Begriff Compliance versteht man die Gesamtheit aller zumutbaren Maßnahmen, die das Verhalten der GmbH, ihrer Organe und Mitarbeiter im Hinblick auf alle gesetzlichen Ge- und Verbote begründen. Ferner sollen die unternehmerischen Tätigkeiten mit den gesellschaftlichen Normen und Werten sowohl moralisch als auch ethisch vereinbar sein.[30] Gesetzesverstöße bergen stets die Gefahr von materiellen Nachteilen etwa in Form von Bußgeldern oder Schadensersatzansprüchen sowie von Reputationsschäden in sich, so dass die GmbH hohen Risiken ausgesetzt ist. Darüber hinaus drohen den Organen der GmbH persönliche haftungs- oder sogar strafrechtliche Konsequenzen. Daher obliegt es speziell der Geschäftsleitung, also auch dem GmbH-Geschäftsführer, dafür Sorge zu tragen, dass dies ein fester Bestandteil der Unternehmensorganisation und des Risikomanagements[31] wird. Ein effektives Compliance System kann diese Gefahren möglicherweise nicht vollständig beseitigen, aber deutlich reduzieren.[32] Compliance Maßnahmen umfassen z.B. Korruptionsbekämpfung, die Einhaltung kartellrechtlicher und außenwirtschaftlicher Bestimmungen sowie das Beachten von Umweltgesetzen usw. Nicht zuletzt hat die EU-Kommission allein gegen die ThyssenKrupp AG ein Bußgeld von rund 480 Mio. € und gegen Siemens in Höhe von 420 Mio. € wegen kartellrechtlicher Verstöße festgesetzt.[33] Ein weiteres Ansteigen von Bußgeldern der EU-Kommission aufgrund der am 28.06.2006 beschlossenen neuen Leitlinien und vom Bundeskartellamt ist zu erwarten.[34]

Die Ausgestaltung von Compliance-Programmen kann durch vielseitige Maßnahmen, sei es präventiver oder repressiver Art, vollzogen werden. Compliance Tools können GmbH-Satzungsbestimmungen sein, die auf Gesetzesverstöße oder Verhaltensregeln hinweisen, Unterlagen zur Rechtslagenerläuterung, Schulungsmaßnahmen, Reportings für Verstöße oder sonstige Kontroll- und Überwachungsmaßnahmen. Die Leitungsorgane der GmbH sollten ab einer gewissen Größe und Umsatzstärke der Gesellschaft sowie Komplexität der Unternehmensstruktur, speziell für den Compliance Bereich, eine eigenständige Abteilung gründen und die-

---

[30] Krieger/Schneider, Managerhaftung, S.496 Rn.1 u. S.519 Rn.1; Schneider/Scholz, GmbH-Gesetz, § 43 GmbHG, Rn.42
[31] siehe unter: 2.1.9. Insolvenzfrüherkennung
[32] BB, 2005, S. 565, 566
[33] Pressemitteilung der Europäischen Kommission, v. 24.01.2007, IP/07/80
Pressemitteilung der Europäischen Kommission, v. 21.02.2007, IP/07/209
[34] EuZW, 2007, 8 ff.

ser eine Ressortverantwortung zutragen. Gleichzeitig haben die Leitungsorgane Überwachungs- und Kontrollfunktionen. Das Compliance Programm ist fortlaufend zu prüfen und notwendige Optimierungs- oder Ergänzungsmaßnahmen sind der Leitung vorzuschlagen.[35] Dieser Vorgang kann nur dann erfolgreich umgesetzt werden, wenn die Führungskräfte die Implementierung des Programms unterstützen und ihrer Verantwortung gerecht werden.

Ein zusätzliches Element, das der GmbH Geschäftsführer in die Compliance Organisation einführen kann, ist die Einrichtung einer sog. Whistleblower-Hotline bei einer externen Rechtsanwaltskanzlei bzw. die Beauftragung eines externen Compliance Ombudsmanns oder einer internen zentralen Stelle. In diesen Fällen geht es darum, dass Mitarbeiter oder Geschäftspartner dem Unternehmen auf vertraulicher bzw. anonymer Basis kostenfrei Hinweise auf mögliche Verstöße melden können.[36]

2.1.12.1 Rechte und Pflichten aus dem persönlichen Status des Geschäftsführers

Das Anstellungsverhältnis zieht die Grenze zwischen dem persönlichen Status und dem organschaftlichen Status des Geschäftsführers. Der Anstellungsvertrag, der ein Dienstverhältnis im Sinne des § 611 BGB darstellt, regelt daher auch die dienstvertraglichen Rechte und Pflichten, auf die in den folgenden Zeilen mit Bezug auf die Krisenprävention eingegangen wird. Ein solcher Vertrag ist jedoch nicht zwingend erforderlich, d.h. ein bloßes Anstellungsverhältnis ohne Abschluss eines Vertrages wäre ausreichend, um Rechte und Pflichten zu begründen.[37] Hinsichtlich des mit dem Geschäftsführer geschlossenen Vertrages werden verschiedene Meinungen vertreten. Das BAG ist der Ansicht, dass im Einzelfall ein Arbeitnehmerstatus gegeben ist, wenn eine entsprechende persönliche Abhängigkeit (Weisungsrecht des Arbeitgebers) vorliegt beziehungsweise der Geschäftsführer die vertraglich geschuldete Leistung im Rahmen einer von der GmbH bestimmten Arbeitsorganisation erbringt.[38] Der BGH ist hingegen der Auffassung, dass sich die Organstellung als Leitungsorgan und eine gleichzeitige Arbeitnehmerstellung ausschließen.[39] Dieser Ansicht des BGH ist zu folgen. Die Weisungsabhängigkeit des Geschäftsführers zur Gesellschafterversammlung lässt sich nicht mit dem Direkti-

---

[35] Krieger/Schneider, Managerhaftung, S.502, Rn.21
[36] BB, 2006, 1567; RIW 2005, 168 ff.
[37] Rocco, Der GmbH-Geschäftsführer, S.159
[38] BAG GmbHR 1999, 925
[39] BGHZ 12, 1, 8; BGH, AP Nr. 1 zu § 38 GmbHG

onsrecht des Arbeitgebers vergleichen, da dies lediglich Ausdruck der gesellschaftsrechtlichen Kompetenzverteilung ist, und gleichfalls übt gerade der Geschäftsführer die Arbeitgeberfunktion für die GmbH aus. Ein freies Dienstverhältnis ist somit bei der normalen Geschäftsführerstellung vorliegend. Ausnahmen können sich bei einer Drittanstellung, einem Fremdgeschäftsführer sowie Gesellschafter-Geschäftsführer ergeben.

Der Geschäftsführer hat aus diesem Vertrag grundsätzliche Voraussetzungen wie Motivation, Engagement und Qualifikation mit sich zu bringen, damit der Unternehmenserfolg garantiert wird. Weiterhin hat er die Geschicke der Gesellschaft im Unternehmensinteresse zu leiten.[40] Von ihm als leitendem Manager hängt also das Wohl der GmbH ab. Diese Voraussetzungen, wer Geschäftsführer werden darf, sind meist fester Bestandteil der Satzungsbestimmungen.

Andererseits wird durch diesen Vertrag nicht nur die zu erbringende Leistung erfasst, sondern natürlich auch die Vergütung oder sonstige Leistungsanreize. Für ein erfolgreiches Arbeiten sind ebenso Innovation, Kreativität, abwechslungsreiche Tätigkeiten sowie Selbstentfaltungswerte, d.h. gleichzeitig das Recht für einen entsprechenden Handlungsspielraum, für den Geschäftsführer von enormer Bedeutung, um Potentiale ausnutzen zu können.

2.1.13 Vergütungsanspruch

Die Vergütung des Geschäftsführers, die sich aus dem Anstellungsvertrag ergibt, korrespondiert aus der Arbeitsbelastung, der Verantwortlichkeit und dem Erfolg. Die Gegenleistung des Geschäftsführers kann sich aus verschiedenen Gestaltungsmöglichkeiten zusammensetzen. Die gängige Vereinbarung für die volle Arbeitsleistung, sei es Nacht-, Sonntags- und Feiertagsarbeit sowie Überstunden, ist die eines Jahresgrundgehalts zuzüglich variabler Vergütungsoptionen, die durch Gewinn- und Umsatztantiemen oder über spezielle Zielvereinbarungen erreicht werden können. Weiterhin besteht auch die Möglichkeit von Sonderleistungen, wie die Stellung eines Dienstwagens, Vereinbarungen über die Absicherung im Ruhestand, bei Krankheit, Invalidität, im Todesfall oder durch sonstige Zusatzleistungen. Die Vergütung für Überstunden, Nacht-, Sonntags- und Feiertagsarbeit an einen Gesellschafter-Geschäftsführer ist zu vermeiden, da das Risiko der verdeckten Gewinnausschüttung gegeben sein kann. Die Vergütung des Geschäftsführers hat insgesamt einen angemessenen Rahmen zu haben, um nicht eine Finanzkrise der GmbH auszulösen.

---

[40] siehe unter: 2.1.2. Leitungsaufgaben des Geschäftsführers

Der Geschäftsführer kann natürlich auch im Hinblick auf Liquiditätsschwierigkeiten der GmbH auf seine Vergütung im Gesellschaftsinteresse verzichten.

Ebenso unterliegt die Vergütung des Managers einem Pfändungsschutz. Grundsätzlich kann die Vergütung gepfändet werden, indem gegen den Geschäftsführer persönlich ein Titel erstritten und in die Forderung der Vergütung vollstreckt wird. Dadurch ist die Gesellschaft gebunden, die Vergütung an den Anspruchsteller zu bewirken. Jedoch besteht ein Pfändungsschutz für Arbeitnehmer, den auch der Geschäftsführer genießt, durch die Zivilprozessordnung (§ 850 c I ZPO), wodurch ein Teil der Vergütung als wirtschaftliche Existenzgrundlage vorhanden bleibt.[41]

2.1.14 D & O – Versicherung

Die D & O – Versicherung (Directors and Officers) deckt Vermögensschäden für Manager, also den GmbH-Geschäftsführer, ab, und nicht Personen- oder Sachschäden, die von der Betriebshaftpflichtversicherung der GmbH übernommen werden. Der Versicherungsschutz umfasst dabei sowohl die Abwehr unbegründeter als auch die Befriedigung begründeter Schadensersatzansprüchen. Die Versicherung ist grundsätzlich nicht ohne weiteres im Anstellungsvertrag enthalten und auch nicht gesetzlich geregelt. Für diese freiwillige Haftpflichtversicherung gelten insoweit die Regelungen des Versicherungsvertragsgesetzes.

In der heutigen Zeit ist jedoch für den Geschäftsführer aufgrund zahlreicher Haftungsrisiken der Abschluss einer solchen Versicherung zu empfehlen, um sein Privatvermögen zu schützen beziehungsweise in Krisensituationen abgesichert zu sein. Daher ist bereits im Anstellungsvertrag eine Klausel aufzunehmen, wonach die GmbH verpflichtet ist, den Geschäftsführer zu versichern oder falls der Versicherungsschutz nicht besteht, ihn im Innenverhältnis so zu stellen, als bestünde Versicherungsschutz.[42]

Diskussionswürdig ist hier die Frage, ob dieser Haftpflichtversicherungsschutz für den Geschäftsführer im Sinn und Zweck der GmbH steht, ob nämlich noch der Anreiz besteht, Erfolg versprechend zu arbeiten?!

Dieser Aussage kann man jedoch aufgrund zahlreicher Indizien die „kalte Schulter" zeigen. Meist ist schon durch viele Anreize im Anstellungsvertrag, sei es durch Gewinnbeteiligung oder sonstige Vereinbarungen, das ordentliche Arbeiten gewährleistet. Allein schon durch eine erfolgreiche

---

[41] BGH NJW, 1978, 756
[42] Rocco, Der GmbH-Geschäftsführer, S.192

GmbH wird der Geschäftsführer zum „Aushängeschild", wodurch er ein begehrter Geschäftsführer für größere Gesellschaften wird beziehungsweise sich selbst empfiehlt und seinen Marktwert steigert. Die Versicherung soll dem Geschäftsführer auch weiterhin den Handlungsspielraum für den Unternehmenserfolg verschaffen, damit er nicht durch zunehmende Haftungsrisiken in seinen Entscheidungen gehemmt wird. „Es ist also ein konstitutives Element zur Sicherung unternehmerischer Handlungsfreiheit."[43]

2.2 Risikoerkennung und Maßnahmen

Die Bestandserhaltung der Gesellschaft genießt in jeder Unternehmensstrategie höchste Priorität. Krisen erschüttern die Lebensgrundlage aller Unternehmen. Darum wird in diesem Abschnitt besonderes Augenmerk auf die Unverzichtbarkeit von ausreichender Krisenvorsorge und funktionierendem Krisenmanagement gelegt.

2.2.1. Bedeutung von Risiko und Krise

Infolge bestimmter Risikosituationen kann eine Unternehmenskrise resultieren. Diese Vorstufe der Krise gilt es nun näher zu definieren. Eine exakte Definition durch den Gesetzgeber finden wir weder für den Begriff des Risikos noch für den der Krise. Allgemein ist das Risiko die Zielabweichung des eingetretenen Ereignisses vom ursprünglich geplanten Ergebnis.[44] Die Unsicherheit über zukünftige Unternehmensentwicklungen ist Ausdruck des Risikos. Diese Entwicklung kann entweder bei negativer Abweichung ungünstig (Risiko als Liquiditätsverlust) oder bei positiver Abweichung günstig (Risiko als Chance) verlaufen. Als wesentliche Liquiditätsverluste werden solche definiert, die eine kritische Grenze überschreiten. Das Risiko ist auch eine Folge des unvollkommenen Kapitalmarktes. Der erfolgreiche Geschäftsführer kann die Begriffe Risiko und Krise erkennen und unterscheiden. Im Gegensatz zum Risiko bedeutet die Krise stets eine Existenzbedrohung. Dieser schmale Grat der Problematik zur Früherkennung von Krisenanzeichen muss dem Geschäftsführer vertraut sein[45] Da vor allem strategische Entscheidungen des Managements ein großes Gefährdungspotential in sich bergen, ist eine im Sinne der Gesellschaft stehende Umsetzung des Risikomanagements[46] von essentiel-

---

[43] OLG München v. 15.3.2005 - 25 U 3940/04
[44] Schmidt/Uhlenbruck, Die GmbH in Krise, Sanierung und Insolvenz, S.12, Rn.23
[45] Schmidt/Uhlenbruck, Die GmbH in Krise, Sanierung und Insolvenz, S.12, Rn.24; Ferslev, Die GmbH – Haftungsfallen bei Gründung, Krise, Sanierung, S.28 ff.
[46] siehe unter: 2.1.9. Insolvenzfrüherkennung

ler Natur. Es liegt daher ausschließlich in der Hand der Geschäftsleitung, dass eine Existenzbedrohung nicht zwingend zu einer Unternehmensvernichtung führt. Wie anfangs erwähnt hat der Gesetzgeber keine explizite Definition formuliert. Bisher gilt jedoch die Legaldefinition der Krise aus der Rechtswissenschaft. Hieraus wird die Kreditunwürdigkeit als Tatbestandsmerkmal einer Krise abgeleitet. Kreditunwürdigkeit liegt dann vor, wenn eine Gesellschaft von dritter Seite keinen Kredit zu marktüblichen Bedingungen erhält und ohne Kapitalzufuhr liquidiert werden müsste.[47] Befindet sich die GmbH in der Krise, ist sie also nach der genannten Definition kreditunwürdig, so herrscht jedoch nicht zwingend Zahlungsunfähigkeit oder Überschuldung. Die Krisensituation tritt meistens vorher auf, so dass das Ende der finanziellen Mittel droht.

Vielfältige Ursachen können zur Unternehmenskrise führen, wie z.B. aus dem Beschaffungs-, Produktions-, Organisations- und Führungs-, Personal- und finanzwirtschaftlichen Risiko. Die Gesellschaft hat sich demnach dem ständig dynamisch veränderten Marktumfeld anzupassen und zu behaupten.

Als Ergebnis kann man festhalten, dass der Geschäftsführer darauf zu achten hat, dass bei Risikogeschäften der zu erwartende Gewinn in einem angemessenen Verhältnis zum drohenden Verlust stehen muss und der eventuelle Schaden der Leistungsfähigkeit der GmbH entspricht.

2.2.2 Offenbarungspflicht

Es stellt sich die Frage, zu welchem Zeitpunkt in der Krise der Geschäftsführer die Informationspflicht Dritten gegenüber hat. Aufgrund der genannten Entwicklungsunsicherheit einer Krise wird daher auf Sanierungsaussichten abgestellt. Ist die Sanierungsmöglichkeit vorhanden, so trifft ihn keine Informationspflicht, da andernfalls die Sanierung unnötig erschwert und unmöglich wird. Die Pflicht zur Offenbarung der Vermögenslage ist in der Regel dann gegeben, wenn die Gefahr der Durchführbarkeit des Vertrages von Anfang an besteht.[48] Es reicht aus, dass die Wahrscheinlichkeit besteht, den Anspruch nicht befriedigen zu können. Handelt der Geschäftsführer mit Gewissheit, nicht leisten zu können, so steht ihm ein Haftungsanspruch aus § 826 BGB gegenüber. Möglich wäre sogar ein Fall des Betrugs oder der Insolvenzverschleppung.

---

[47] Muschalle/Schultze, Die Haftung des Geschäftsführers, S.148
[48] BGH, 01.07.1991-II ZR 180/90; NJW-RR 1991, 1312 ff.

2.2.3 Instrumentarien zur Erkennung

Der Erhalt der GmbH steht im Rampenlicht der Unternehmensstrategie. Das Nichterkennen oder verspätete Erkennen Existenz bedrohender Krisen einer Gesellschaft zwingt den Manager mit Hilfe der Gesellschafter zur Einführung und Nutzung früh erkennender Instrumentarien (Krisenprävention). Ein weiterer Punkt beinhaltet sämtliche Maßnahmen zur Abwehr einer bereits eingetretenen latenten Unternehmenskrise, also die Vermeidung eines Übergangs zur akuten Existenzvernichtung.

Aufgrund der langen Vorlaufzeiten für Abwehrstrategien obliegt es dem Geschäftsführer, ein Frühwarnsystem zu installieren.[49] Zu einem solchen Frühwarnsystem gehört auch die Analyse der Finanzen durch das Rechnungswesen, der leistungswirtschaftlichen Daten, der Unternehmensumwelt und des Soll-Ist-Vergleichs auf Basis einer detaillierten Unternehmensplanung.[50] Dieses präventive Vorhaben hat einen negativen Aspekt, da den einhergehenden Kosten keinerlei Erträge gegenüberstehen. Allerdings werden durch die Krisenvermeidung zukünftige negative Geldabflüsse vermieden, da die mit Kosten verbundene Sanierung entfällt. Dieses System kann ebenfalls zu einer Optimierung der Geschäftsprozesse führen und damit den Ertrag erhöhen.[51]

Das Rechnungswesen, das wesentliche Kennzahlen liefert, ist hierbei eines der bedeutsamsten Instrumente, um die finanzwirtschaftliche Lage zu kontrollieren.[52] Natürlich ist ein kompetentes Team zur Anwendung und Beherrschung die Voraussetzung. Enorme Kosten und der dadurch einhergehende Schwund der Rücklagen, die in keinem Verhältnis zum Gewinn stehen, können nicht im Interesse der Gesellschaft stehen. Einer solchen Entwicklung hat der Geschäftsführer mit Hilfe der Gesellschafter entgegen zu wirken und nicht zu hoffen, dass dies eine temporäre Erscheinung war. Er hat nicht nur auf ein Ressort zu achten, sondern vielmehr auf alle Bereiche ein Augenmerk zu legen, selbst bei Delegation hat er die Kontrolle und Überwachung fortzusetzen. Für einen finanziellen Erfolg der GmbH ist weiterhin eine vorausschauende Liquiditätsplanung essentiell.

Aus der Analyse leistungswirtschaftlicher Daten werden wertvolle Schlussfolgerungen über Erfolgs- und Risikopotentiale im Strategiebe-

---

[49] siehe unter: 2.1.9. Insolvenzfrüherkennungssystem
[50] Schmidt/Uhlenbruck, Die GmbH in Krise, Sanierung und Insolvenz, S.42, Rn.86 ff.
[51] Schmidt/Uhlenbruck, Die GmbH in Krise, Sanierung und Insolvenz, S.15, Rn.32 ff.
[52] BGH ZIP 1995, 560, 561

reich gezogen. Dies gilt insbesondere für Daten aus dem Beschaffungs-, Produktions-, Absatz- und Logistikbereich der Gesellschaft.[53] Zeitnahe Fehlentwicklungen lassen sich ausschließlich über einen permanenten Soll-Ist-Vergleich auf Basis einer detaillierten Unternehmensplanung prognostizieren. Diese Planung umfasst die Vorgabe der Unternehmensaktivitäten im strategischen und operativen Bereich. Für diese Zielverwirklichung können sodann etwaige Plan- und Budgetabweichungen rechtzeitig erkannt und notwendige Korrekturmaßnahmen eingeleitet werden, wenn ein Kontrollsystem (Controlling) eingeführt ist.

Die Analyse des wirtschaftlichen Umfeldes (Scanning) des Unternehmens kann ebenso sich ankündigende Veränderungsprozesse frühzeitig erkennen. Diese Wahrnehmungssignale sind für den Manager schwer herauszufiltern und zu interpretieren und daher von äußerst komplexer Natur.

Die Insolvenzfrüherkennung eines Gläubigers, für den in der Regel nur der Jahresabschluss Informationslieferant ist, wird von der des Geschäftsführers getrennt. Eine Abgrenzung erfolgt ebenso in Bezug auf Kreditinstitute, die sich vor und während der gesamten Laufzeit des Kredits die wirtschaftlichen Verhältnisse ihrer Kreditnehmer (GmbH) offen legen lassen. Anhand einer eventuellen Zusammenarbeit und der diesbezüglichen Kommunikation mit dem Kreditgeber kann der Geschäftsführer erkennen, in welcher kritischen Lage sich die GmbH befindet.

Die Erkennung der Krise gehört zu den Kernaufgaben des Geschäftsführers. Bei Vorliegen einer solchen hat der Geschäftsführer bei Verlust der Hälfte des Stammkapitals unverzüglich die Gesellschafterversammlung nach § 49 III GmbHG einzuberufen. Diese Einberufungspflicht stellt nur das gesetzlich vorgeschriebene Minimum einer Krisenprävention dar. Die Ertragskrise wird bereits mit Beginn der Auszehrung des Stammkapitals manifestiert. Nachdem sich der Geschäftsführer im Falle einer Krise nicht für die Amtsniederlegung entschieden hat, muss er spätestens nach drei Wochen Insolvenzantrag nach dem neuen § 15 a InsO stellen oder nach dem Ablauf den Insolvenzgrund beseitigt haben.

2.2.4 Zeitpunkt der Insolvenzreife

Der Zeitpunkt der Insolvenzreife stellt auf das Vorliegen der Insolvenzgründe ab. Dieser Zeitpunkt indiziert die Insolvenzantragspflicht des Geschäftsführers sowie die Frage, ob die GmbH noch eine Überlebenschance hat und sie demnach saniert oder liquidiert werden muss. Die Insol-

---

[53] Schmidt/Uhlenbruck, Die GmbH in Krise, Sanierung und Insolvenz, S.43, Rn.92

venzantragspflicht beinhaltet wiederum das Verbot der Insolvenzverschleppung[54], aber gleichzeitig auch den Aufruf zur selbstverantwortlichen Sanierungsprüfung. Diese Pflicht hält den Geschäftsführer dazu an, rechtzeitig zu sanieren oder den Antrag zu stellen. Die Insolvenzgründe sind im Insolvenzrecht verankert und werden bei Überschuldung (§ 19 InsO), Zahlungsunfähigkeit (§ 17 InsO) und bereits bei drohender Zahlungsunfähigkeit (§ 18 InsO) verwirklicht.

2.2.4.1 Überschuldung

Die Überschuldung liegt nach der Legaldefinition des § 19 II InsO dann vor, wenn das Vermögen die Schulden nicht mehr deckt. Die Grundlage der Ermittlung bildet die Bilanz, indem die Handelsbilanz als Gefahrenindikator dient und ein Überschuldungsstatus daraus erstellt wird. Im Rahmen der Überprüfung des Überschuldungsstatus kommt der Fortbestehungsprognose ausschlaggebende Bedeutung zu, der der Geschäftsführer hohe Aufmerksamkeit schenken sollte. In dieser Überprüfung werden Fortbestehungswerte nur berücksichtigt, wenn mit überwiegender Wahrscheinlichkeit und expliziter Prognose der Unternehmensfortbestand festgestellt ist, auch bekannt als Zahlungsfähigkeitsprognose. Es wird also darauf abgestellt, ob fällige Verbindlichkeiten mittelfristig, d.h. in einem Prognosehorizont von 12-24 Monaten, beglichen werden können.[55] Für das laufende Geschäftsjahr bedient man sich der in vielen Unternehmen ohnehin vorhandenen Hochrechnung der Ertrags- und Finanzlage, während man für das darauf folgende Geschäftsjahr eine Bilanz- und GuV-Planung erstellt. Nach § 17 InsO ist bei zu weit fortgeschrittener Krise eine Fortbestehungsprognose abzulehnen. Allerdings hat der Manager eines noch zahlungsfähigen Unternehmens die Möglichkeit, bei Gewährung eines Überbrückungskredites, was auch im Sinne der Bank als Gläubiger ist, die Zahlungsfähigkeit der GmbH bis zur Fertigstellung eines Sanierungsplans wieder herzustellen, so dass klare Sanierungsaussichten bestehen.

2.2.4.2 Zahlungsunfähigkeit

Die objektive Zeitpunktliquidität der GmbH liegt nach der Legaldefinition des § 17 II S.1 InsO vor, wenn sie nicht mehr in der Lage ist, zum Betrachtungszeitpunkt die fälligen Verbindlichkeiten zu erfüllen bzw. nicht genügend Geldmittel zur Begleichung zur Verfügung stehen. Für einen

---

[54] siehe unter: 2.5.3.1. Insolvenzverschleppung
[55] Krieger/Schneider, Managerhaftung, S.763, Rn.7 ff.

Außenstehenden eröffnet die InsO in § 17 II S.2 den Nachweis der Zahlungsunfähigkeit anhand der Zahlungseinstellung, bei nicht unwesentlicher Höhe über einen erheblichen Zeitraum, als nach außen erkennbarem Indiz. Abzugrenzen von der Zahlungsunfähigkeit ist die vorübergehende Zahlungsstockung, d.h. ein nur kurzfristiger Mangel an Zahlungsmitteln führt nicht durch den Manager zur Insolvenzanmeldung. Diese Zahlungsstockung wird angenommen, wenn eine kreditwürdige Person den ausreichenden und erforderlichen Zeitraum von drei Wochen nicht überschreitet, den sie benötigt, um die geforderten Mittel zu beschaffen. Hierbei wird auf die Liquiditätslücke des Schuldners abgestellt. Die Fähigkeit zur Zahlung liegt bei weniger als zehn Prozent einer nicht zu beseitigenden Lücke der fälligen Gesamtverbindlichkeiten vor. Hingegen ist die Zahlungsunfähigkeit gegeben, wenn in naher Zukunft mehr als zehn Prozent erreicht oder diese bereits vorhanden sind.[56]

2.2.4.3 Drohende Zahlungsunfähigkeit

Droht die Zahlungsunfähigkeit nach § 18 InsO, weil die Illiquidität mangels hinreichender Zahlungsmittel wahrscheinlicher ist als die Aufrechterhaltung der Liquidität, so wäre hier der Geschäftsführer zur Anmeldung der Insolvenz berechtigt und somit noch nicht verpflichtet.[57] Kein Antragsrecht haben bei § 18 InsO dritte Personen. In einem solchen Fall der Einleitung des Insolvenzverfahrens könnte der Insolvenzplan rechtzeitig genehmigt werden, um die Sanierungschance der GmbH zu erhöhen. Ist die Mithilfe der Gesellschafter bei einer internen Sanierung nicht gewährleistet, so wird er den Weg des § 18 InsO einschlagen, indem er einen Insolvenzplan aufstellt, der Aussicht hat, von der Gläubigerversammlung angenommen zu werden, und sodann die Eröffnung des Insolvenzverfahrens beantragt.[58]

2.2.4.4 Mögliche Feststellungsfolgen

Bedeutsam für den Geschäftsführer ist die Feststellung des Insolvenzgrundes, denn nur durch das Vorliegen eines solchen, kann das Insolvenzverfahren durch die Insolvenzgerichte eröffnet werden (§ 16 InsO).

Das Insolvenzgericht hat daraufhin das Recht, einen vorläufigen Insolvenzverwalter einzusetzen, der Sicherungsmaßnahmen durchführt und einstweilig die GmbH fortführt. Der Insolvenzverwalter verschafft sich

---

[56] BGHZ, 163, 134
[57] Gottwald, Insolvenzrechts-Handbuch, S.130
[58] Rocco, Der GmbH-Geschäftsführer, S.153

einen Überblick über die wirtschaftliche Lage, um den zukünftigen Werdegang der Gesellschaft zu bestimmen, sei es durch Betriebsfortführung oder Stilllegung. Die Feststellung des Zeitpunkts des erstmaligen Eintritts der Insolvenzreife hat ebenso Bedeutung für den Insolvenzverwalter hinsichtlich des Gesamtschadensersatzanspruchs (§ 92 InsO) der Insolvenzgläubiger gegen den Geschäftsführer wegen einer möglichen Insolvenzverschleppung. Gerade der Feststellungszeitpunkt ist für die Gläubiger von großem Interesse, denn ein Schadensersatzanspruch in Höhe des geleisteten Massekostenvorschusses aus § 26 III InsO steht den Gläubigern ebenso zu, wenn der Geschäftsführer die Insolvenzantragspflicht pflichtwidrig und schuldhaft verletzt. Der Sinn ist die Verhinderung der Abweisung des Insolvenzverfahrens mangels Masse zum Schutze der Gläubigerinteressen. Gegen den Geschäftsführer kann des Weiteren auch ein Vertrauensschaden der Neugläubiger mit Bezug auf den Feststellungszeitpunkt angelastet werden. Natürlich resultieren hieraus auch strafrechtliche Folgen für Manager.[59]

2.2.4.5 Masseerhaltungspflicht

Mit dem Eintritt der Zahlungsunfähigkeit der Gesellschaft oder der Feststellung ihrer Überschuldung ist der Manager einer Masseerhaltungspflicht nach § 64 GmbHG ausgesetzt. Erfolgt trotz dieser Pflicht eine Zahlung, so ist der Geschäftsführer der GmbH zum Ersatz verpflichtet. Zahlungen, die auch nach diesem Zeitpunkt mit der Sorgfalt eines ordentlichen Geschäftsmanns vereinbar sind, fallen nicht unter diesen Gesichtspunkt. Entsprechende Anwendung finden die Bestimmungen in § 43 III, IV GmbHG.[60]

2.2.5 Sanierung oder Liquidation

Die Krise ist eine Herausforderung an den Geschäftsführer. Er steht in der Pflicht eine mögliche Sanierung wahrzunehmen. Sie bedeutet trotz Kreditunwürdigkeit noch lange nicht das Ende einer Gesellschaft. In dieser Lage hat der Geschäftsführer sein Können zu beweisen und die Chancen zu einem Neuanfang durch eine erfolgreiche Sanierung zu nutzen, um die weitere Existenz der GmbH zu gewährleisten. Diese Sanierungsfähigkeit liegt vor, wenn die GmbH nach der Durchführung von Sanierungsmaßnahmen nachhaltig einen Überschuss der Einnahmen über die Ausgaben

---

[59] siehe unter: 2.5.3.Insolvenzhaftungstatbestände;Schmidt/Uhlenbruck, Die GmbH in Krise, Sanierung und Insolvenz, S.403,Rn.859
[60] siehe unter: 2.5.3.3. Zahlungsverbot wegen Masseschmälerung

erzielen kann.[61] Ist dieser Weg nicht mehr zu bestreiten, so bleibt nur noch die Liquidation als letzter Ausweg übrig.

2.2.5.1 Sanierung als gemeinsame Aufgabe

Eine Sanierung kann nur mit Hilfe der Gesellschafter geschehen, die entscheiden, ob und welche außergewöhnliche Geschäftsführungsmaßnahmen getroffen werden (Grundlagenentscheidungen). Die Gesellschafter müssen daher willens sein, Sanierungsbeiträge zu leisten, da der Geschäftsführer bei fehlender Selbstreinigungskraft vor der Frage der Insolvenzantragspflicht oder der Amtsniederlegung steht. Diese Sanierungsmaßnahmen können in Gestalt von Personalabbau oder Zufluss neuer Mittel erfolgen.

2.2.5.1.1 Interne Sanierung

Eine typische Sanierung wird mit den Kräften der GmbH, der Gesellschafter oder mit möglichen neuen Gläubigern vorgenommen, folglich aus verschiedenen Faktoren zusammengesetzt. Der Begriff der internen Sanierung wird durch leistungswirtschaftliche oder finanzwirtschaftliche Maßnahmen innerhalb der GmbH beschrieben und gegen die von außen in die GmbH hineinwirkende externe Sanierung abgegrenzt. Jedoch wird es nicht zu einer reinen internen Sanierung kommen, wenn die Zeit einer drohenden Insolvenz zu weit fortgeschritten ist.

Ausdruck der internen Sanierung können Maßnahmen wie die Kapitalherabsetzung mit Kapitalerhöhung, Aufnahme neuer Gesellschafter, Restrukturierung, übertragende Sanierung sowie die Mitwirkung der Gesellschafter sein. Die vereinfachte Kapitalherabsetzung nach § 58 a GmbHG kommt hierbei zur Anwendung, da sie im Gegensatz zur Kapitalherabsetzung nach § 58 GmbHG keinem Sperrjahr unterliegt. Gemäß § 58 a I GmbHG muss die Herabsetzung des Stammkapitals der Verlustdeckung dienen. Die vereinfachte Kapitalherabsetzung ist nur zulässig, nachdem der Teil der Kapital- und Gewinnrücklagen, der zusammen über zehn Prozent des nach der Herabsetzung verbleibenden Stammkapitals hinausgeht, vorweg aufgelöst ist (§ 58 a II GmbHG). Die gewonnenen Bilanzbeträge werden nur zur Verlustdeckung und für die Kapitalrücklage verwendet, einschließlich solcher Beträge, die aus dem Nichteintritt erwarteter Verluste resultieren. Bezüglich der eingestellten Beträge in der Kapitalrücklage besteht eine fünfjährige Ausschüttungssperre ab Beschlussfassung über die Kapitalherabsetzung (§ 58 b III GmbHG). Ebenso dürfen

---

[61] Schmidt/Uhlenbruck, Die GmbH in Krise, Sanierung und Insolvenz, S.159, Rn.355

künftige Gewinne nur in begrenztem Umfang ausgeschüttet werden (§ 58 d GmbHG). Es bedarf keiner sachlichen Rechtfertigung eines Beschlusses, da bereits in der gesetzlichen Regelung die Belange der Gesellschafter und das Interesse der GmbH verankert sind.[62] Mit der Kapitalherabsetzung ist gleichzeitig ein Kapitalerhöhungsbeschluss verbunden, um den ordnungsgemäßen Zustand des Unternehmens wieder herzustellen. Dieser Erhöhungsbeschluss wird hinfällig, wenn gerade diese Maßnahme nicht zu einer erfolgreichen Sanierung führt. Im Rahmen der Erhöhung hat der Geschäftsführer die Einzahlungsmöglichkeit auf ein debitorisches Konto sicher zu stellen. Ebenso hat er darauf zu achten, dass die Einlage nach dem Beschluss in den uneingeschränkten Verfügungsbereich der Gesellschaft gelangt und nicht an den Einleger zurückfließt.[63] Vorleistungen auf eine noch nicht beschlossene Kapitalerhöhung können nur dann als Sacheinlage erbracht werden, wenn sie zum Zeitpunkt des Beschlusses noch gegenständlich im Gesellschaftsvermögen vorhanden sind.[64] Verwirklicht sich hier das Risiko der verdeckten Sacheinlage, so hat der Geschäftsführer eventuell nochmals eine Zahlung des Gesellschafters zu verlangen.

Im Rahmen dieses Sanierungskonzepts ist gleichfalls die Möglichkeit gegeben, einen neuen Gesellschafter im Zuge der Kapitalerhöhung aufzunehmen, so dass er als weiterer Sanierungshelfer mit im „Boot" sitzt. Die Begründung einer stillen Beteiligung zur Sanierung ist eine weitere Alternative der Aufnahme. Die Zuführung stiller Einlagen stellt die Kreditzufuhr dar und nicht die Zufuhr haftenden Kapitals, so dass nur die Zahlungsunfähigkeit ein Ende findet, aber nicht die Überschuldung.

Die Restrukturierungsmöglichkeit bietet eine große Variantenvielfalt, wie Betriebsführungsverträge, Unternehmensverträge, Umbauten im Konzern, Binnenorganisationsänderungen, Austausch des Managements und arbeitsrechtliche Maßnahmen. Das Umwandlungsgesetz enthält Ansätze zu einem Formwechsel nach §§ 190 ff. UmwG, einer Verschmelzung nach §§ 2 ff. UmwG und einer Aufspaltung oder Ausgliederung nach §§ 123 ff. UmwG als Sanierungsinstrument. Aufgrund des Gläubigerschutzes werden Altverbindlichkeiten nicht aufgelöst, so dass diese Instrumente eher für die künftige Wirtschaftstätigkeit des Unternehmens von Nutzen sind und nicht als echtes Sanierungsinstrument betrachtet werden können.[65]

---

[62] BGHZ 138, 71; Schmidt/Uhlenbruck, Die GmbH in Krise, Sanierung und Insolvenz, S.162, Rn.360 ff.
[63] BGH NJW, 2002, 1716
[64] BGHZ 51, 157
[65] Schmidt/Uhlenbruck, Die GmbH in Krise, Sanierung und Insolvenz, S.171, Rn.379

Die übertragende Sanierung bildet eine weitere Variante, d.h. der Unternehmensverkauf erfolgt im Wege des „Asset-Deals". Die Gläubiger in ihrer Gesamtheit bekommen hier den Zerschlagungswert des Unternehmens als Teilungsmasse angeboten bzw. werden einzelne Vermögenswerte des Unternehmens als Funktionseinheit im Paket an einen Erwerber verkauft, während der Ertragswert losgelöst von den Schulden in der Auffanggesellschaft realisiert wird.[66] Der Erwerber haftet hierbei mit dem übernommenen Vermögen weiterhin nicht nur für die im Unternehmen bislang begründeten Schulden, sondern er tritt zugleich in die Rechte und Pflichten aus den Arbeitsverhältnissen des Schuldnerunternehmens ein (§ 613 a BGB, § 25 HGB, § 75 AO).[67]

2.2.5.1.2 Sanierung durch den Gesellschafter

Weiterhin kann durch Kapitalzuführung des Gesellschafters eine Gesellschaft saniert werden. Im Zuge der Deregulierung des Eigenkapitalersatzrechts werden Kredite, die die Gesellschafter ihrer GmbH zur Verfügung stellen, als Darlehen oder als Eigenkapital behandelt. In der Insolvenz steht das Eigenkapital hinter allen anderen Gläubigern zurück. Daher werden die Normen über kapitalersetzende Gesellschafterdarlehen (§§ 32a, 32b GmbHG) im Insolvenzrecht neu gestaltet. Zukünftig entfällt die Unterscheidung zwischen kapitalersetzenden und normalen Gesellschafterdarlehen. Die Gesellschafterdarlehen können in einen Sanierungskredit, eine Kreditgewährung bei Kreditunwürdigkeit sowie in ein Stehenlassen bei Kreditunwürdigkeit unterschieden werden. Gesellschafterdarlehen können auch durch Bürgschaften oder sonstige Kreditsicherheiten des Gesellschafters bestehen. Gesellschafterdarlehen erfahren nach dem MoMiG eine Neugestaltung in § 39 InsO. Nach § 39 I Nr.5 InsO werden im Rang nach den übrigen Forderungen der Insolvenzgläubiger in folgender Rangfolge, bei gleichem Rang nach dem Verhältnis ihrer Beträge, berichtigt: Forderungen auf Rückgewähr eines Gesellschafterdarlehens oder Forderungen aus Rechtshandlungen, die einem solchen Darlehen wirtschaftlich entsprechen (Nachrangige Insolvenzgläubiger). Erwirbt ein Gläubiger bei drohender oder eingetretener Zahlungsunfähigkeit der Gesellschaft oder bei Überschuldung Anteile zum Zweck ihrer Sanierung, führt dies bis zur nachhaltigen Sanierung nicht zur Anwendung von Absatz 1 Nr. 5 auf seine Forderungen aus bestehenden oder neu gewährten Darlehen oder auf Forderungen aus Rechtshandlungen, die einem sol-

---

[66] Schmidt/Uhlenbruck, Die GmbH in Krise, Sanierung und Insolvenz, S.173, Rn.382; S.624, Rn.1243
[67] Schmidt/Uhlenbruck, Die GmbH in Krise, Sanierung und Insolvenz, S.199, Rn.420

chen Darlehen wirtschaftlich entsprechen (§ 39 IV S.2 InsO). Somit werden sie nicht nachrangige Insolvenzgläubiger. Durch diese Regelung sind die Gesellschafter einem Kapitalzufluss nicht mehr abgeneigt, das frühere Verlustrisiko nimmt einen anderen Verlauf. Eine Sanierung wird daher vereinfacht. Ebenso gilt Absatz 1 Nr. 5 nicht für den nicht geschäftsführenden Gesellschafter einer Gesellschaft im Sinn des Abs. 4 Satz 1, der mit zehn Prozent oder weniger am Haftkapital beteiligt ist.[68]

In einem Insolvenzverfahren über das Gesellschaftsvermögen kann ein Gesellschafter nach Maßgabe des § 39 I Nr. 5 GmbHG für eine Forderung, für die er eine Sicherheit bestellt oder für die er sich verbürgt hat, nur anteilsmäßige Befriedigung aus der Insolvenzmasse verlangen, soweit er bei der Inanspruchnahme der Sicherheit oder des Bürgen ausgefallen ist (§ 44a InsO).

2.2.5.1.3 Externe Sanierung

Im Gegensatz zur internen Sanierung umfasst die externe Sanierung alle Maßnahmen, die außerhalb der GmbH zur Abhilfe beitragen. In der Regel werden die Gesellschaftsgläubiger in den Sanierungsablauf mit einbezogen. Eine kombinierte Variante der externen und internen Sanierung wäre die vereinfachte Kapitalherabsetzung, verbunden mit einem außergerichtlichen Vergleich mit den Gläubigern, wobei alle Gesellschaftsgläubiger dem Vergleich zustimmen müssten.[69] Das gerichtliche Insolvenzverfahren bietet bei frühzeitiger Einleitung, d.h. bereits bei drohender Zahlungsunfähigkeit, die Chance, die sanierungsfähige GmbH durch einen Insolvenzplan zu erhalten, so dass auch wieder Quoten an die Gläubiger ausgezahlt werden. Hierbei besteht, im Gegensatz zur freien Sanierung, eine Publizitätspflicht hinsichtlich der öffentlichen Bekanntmachung eines vorläufigen Insolvenzverwalters mit Verwaltungs- und Verfügungsbefugnissen i.S.d. § 22 InsO sowie die Verfahrenseröffnung nach § 30 I S.1 InsO. Das Gericht hat nur in einem Insolvenzverfahren die Möglichkeit, einem Gläubigerzugriff auf das Gesellschaftsvermögen durch Anordnung von Sicherungsmaßnahmen gemäß § 21 InsO zu verhindern.[70] Nachdem der Geschäftsführer seiner Insolvenzantragspflicht nachgekommen ist, wird er von der Entscheidung des Verfahrensziels befreit, da dies gemäß § 157 InsO Aufgabe der Gläubigerversammlung im Berichtstermin ist. Bei einem außergerichtlichen Vergleich hat der Geschäftsführer trotz aus-

---

[68] Stehle/Leuz, Der erfolgreiche GmbH-Geschäftsführer, S.21 ff.
[69] Schmidt/Uhlenbruck, Die GmbH in Krise, Sanierung und Insolvenz, S.198, Rn.423
[70] Schmidt/Uhlenbruck, Die GmbH in Krise, Sanierung und Insolvenz, S.199, Rn.424

sichtsreicher Verhandlungen den fristgerechten Insolvenzantrag nicht zu unterlassen.

2.2.5.1.3.1 Freie Sanierung versus Gerichtliches Verfahren

Ein außergerichtlicher Vergleich ist aus Sicht der Gläubiger aufgrund der schnelleren und kostengünstigeren Abwicklung trotz des überwachten gerichtlichen Verfahrens vorzuziehen. Die Verwaltung, Verwertung und Verteilung des Schuldnervermögens können zwar im gerichtlichen Verfahren durch den Insolvenzplan nach §§ 217 ff. InsO abweichende Regelungen erfahren, jedoch können diese nicht die variablere Gestaltungsmöglichkeit der freien Sanierung erreichen. Das Verfahren der freien Sanierung wird daher durch die geringeren Transaktionskosten und indirekten Kosten die bessere Alternative sein. Der Geschäftsführer bleibt bei dieser freien Sanierung hinsichtlich des Gesellschaftsvermögens verfügungsbefugt, so dass keine Insolvenzverwalter- und Gerichtskosten entstehen. Gleichfalls hat er keine gesetzlich vorgeschriebenen Unterlagen einzureichen. Es obliegt ihm selbst, wie er das Sanierungskonzept vorstellt, um alle Gesellschaftsgläubiger von der Finanzplanung zu überzeugen und zur Akzeptanz zu bewegen. Ebenso wird im Rahmen der freien Sanierung das strafrechtliche Risiko in Bezug auf die Insolvenzdelikte für den Geschäftsführer gemindert. Bei Scheitern der freien Sanierung kann das Haftungsrisiko wieder aufleben, so dass er nicht nur den Gläubigern schadensersatzpflichtig ist, sondern auch im Wege der Insolvenzhaftung belangt werden kann.

2.2.5.1.3.2 Außergerichtlicher Liquidationsvergleich

Ein außergerichtlicher Vergleich kann zur freien Sanierung, aber auch zum Liquidationsvergleich führen. Für den außergerichtlichen Liquidationsvergleich spricht, dass die Verwertung an keine Fristen gebunden ist. Jedoch ist eine längerfristige Verwertung im Insolvenzverfahren auch gewährleistet. Der Insolvenzverwalter hat gemäß § 159 InsO das Vermögen zu verwerten, wobei die Gesellschafter, Geschäftsführer oder Gläubiger mit Hilfe eines Insolvenzplans als Liquidationsplan die optimale Art und Dauer der Liquidation vereinbaren können. Wurde keine Mindestquote vereinbart, wird der Vergleich nicht hinfällig, wenn die Gläubiger noch keine Zahlung erhalten haben. Der Verzug des Liquidators wird der GmbH nicht zugerechnet. Die Vereinbarung des Vergleichs kann eine

Wiederauflebensklausel für den Fall des Nichterhaltens der Mindestquote bei gesetzter Frist oder Nichtdurchführung der Liquidation beinhalten.[71]

2.2.5.1.4 Sanierungshilfe durch Kreditinstitute

Kreditinstitute können Sanierungsbeiträge leisten, damit das Unternehmen die Krise vor Eintritt der Insolvenz überwindet. Die Sanierungshilfe wird in langfristige und kurzfristige Beiträge diversifiziert. Langfristige Beiträge der Institute, wie die Einschaltung externer Berater, Einführung eines Cash-Managements, Vermittlung von Kapitalbeteiligungen, Ausnutzung von sale-and-lease-back Vorteilen und die Sicherung und Offenhaltung der Kreditlinien (Stillhaltevereinbarung) kommen in Betracht. Allerdings bedarf es bei bereits vorliegendem Insolvenzgrund eines Sanierungsbeitrags, der innerhalb der Drei-Wochen Frist abhilft, wie z.B. ein zusätzlicher Kredit. Der Geschäftsführer hat sich an die Kreditinstitute zu halten, weil er sich in aller Regel nicht der Hilfe der anderen großen Gläubigergruppen, die der Arbeitnehmer und Lieferanten, bedienen kann.[72]

2.2.5.2 Liquidation

Aus der Krise kann das Ende der GmbH in Form einer Liquidation erfolgen. Liquidiert wird sie auch bei einer zeitlichen Befristung, wenn die Gesellschaft nicht auf Dauer geplant war, aber ebenfalls, wenn eine existenzbedrohende Frage im Raum steht, die eine Insolvenz oder Liquidation zur Folge hat. In einem Insolvenzverfahren übernimmt der Insolvenzverwalter die Verwaltung und Vertretung. Die Abwicklung der Auflösung erfolgt hingegen durch die Liquidatoren, die nach den §§ 60 bis 77 GmbHG die Aufgaben des Geschäftsführers annehmen.

2.2.5.2.1 Liquidation als letzter Ausweg

Die generellen Auflösungsgründe normieren zunächst die §§ 60 bis 62 GmbHG. Weitere Gründe können die Gesellschafter im Gesellschaftsvertrag festhalten. Der benötigte Auflösungsbeschluss kann vielmehr auch der Umstrukturierung, Zerschlagung oder Teilliquidation der GmbH dienen. Deshalb führt dieser nicht gleich zur endgültigen Liquidation des Unternehmens. Folglich geht ein Liquidationsplan, in dem das Ziel sowie Aufgaben und Pflichten der Liquidatoren beschlossen werden, mit der Auflösung einher. Während der Auflösungsbeschluss nach § 60 I Nr.2

---

[71] Schmidt/Uhlenbruck, Die GmbH in Krise, Sanierung und Insolvenz, S.206, Rn.448
[72] Schmidt/Uhlenbruck, Die GmbH in Krise, Sanierung und Insolvenz, S.218, Rn.472 ff.

GmbHG einer qualifizierten Mehrheit bedarf, ist der Liquidationsplanbeschluss nicht gesetzlich verankert, hier genügt eine einfache Mehrheit. Die Gesellschafter bleiben ihrer Treuepflicht trotzdem unterworfen.

Aus dem Insolvenzverfahren heraus kann sich eine andere Art der Liquidation ergeben, nämlich wegen Masselosigkeit aus § 60 I Nr.5 GmbHG. Hier ergeht die Auflösung mit Rechtskraft eines Beschlusses, wenn das Vermögen der GmbH voraussichtlich nicht ausreichen wird, um die Verfahrenskosten zu decken.

In der Liquidierungsphase bleiben zunächst der unternehmerische Zweck und die Organe erhalten. Die Rechtsverhältnisse finden bis zur Beendigung der Auflösung Anwendung nach § 69 GmbHG. Der Liquidationsplan bestimmt den zukünftigen Zweck, der weiterhin dem Unternehmen durch eine erfolgreiche Fortführung, aber auch der ordnungsgemäßen Abwicklung, dienen kann.

Solange die Fortführung beschlussfähig ist, kann die GmbH Umwandlungsbeschlüsse über einen Formwechsel gemäß § 197 UmwG, eine Aufspaltung gemäß § 123 I UmwG oder eine Abspaltung oder Ausgliederung gemäß § 123 II, III UmwG, fassen. Diese Umwandlung kann aufgrund dessen als eine andere Form der Sanierung angesehen werden, die jedoch kein echter Liquidationsersatz darstellt. Der entscheidende Unterschied zwischen Liquidation und Sanierung ist, dass die Sanierung eine enorme Erhöhung des Stammkapitals voraussetzt.[73]

Grundlegend ist festzuhalten, dass die Liquidationspflicht und die Fortführungschance über die zukünftige Strategie der GmbH entscheiden.

2.2.5.2.2 Geschäftsführer als Liquidator

Im Falle der Liquidation kann der Geschäftsführer, wenn nicht durch den Gesellschaftsvertrag, durch Beschluss der Gesellschafter oder durch das Gericht auf Antragstellung andere Personen bestimmt wurden, die Aufgaben des Liquidators wahrnehmen (§ 66 I GmbHG). Die Aufgabenstellung umfasst nicht mehr die erfolgreiche Fortführung, sondern die ordnungsgemäße Abwicklung der GmbH.[74] Die Auflösungsgründe sind in den §§ 60 bis 62 GmbHG normiert und können sich gleichfalls aus dem Gesellschaftsvertrag ergeben. Bei Auflösung wegen Vermögenslosigkeit findet die Liquidation nur statt, wenn sich nach der Löschung aus dem Handelsregister herausstellt, dass noch Vermögen vorhanden ist (§ 66 V GmbHG). Der Geschäftsführer hat die ersten Liquidatoren sowie ihre Vertretungs-

---

[73] Schmidt/Uhlenbruck, Die GmbH in Krise, Sanierung und Insolvenz S.343,Rn.739 ff.
[74] Stehle/Leuz, Der erfolgreiche GmbH-Geschäftsführer, S.193

befugnis zur Eintragung ins Handelsregister anzumelden (§ 67 I GmbHG). Der Wechsel der Liquidatoren sowie geänderte Vertretungsbefugnisse eben dieser sind ebenfalls anzumelden. Bei Missachtung der Formvorschriften der ordnungsgemäßen Abwicklung kann der Liquidator sowohl schadensersatzpflichtig als auch der strafrechtlichen Haftung ausgesetzt sein.

Nach § 65 I GmbHG ist die Auflösung der Gesellschaft zur Eintragung in das Handelsregister anzumelden. In den Fällen der Eröffnung oder der Ablehnung der Eröffnung des Insolvenzverfahrens und der gerichtlichen Feststellung eines Mangels des Gesellschaftsvertrags hat das Gericht die Auflösung und ihren Grund von Amts wegen einzutragen. Die Liquidatoren haben die Auflösung zu drei verschiedenen Malen in den Gesellschaftsblättern bekanntzumachen. Die Gläubiger der Gesellschaft werden gleichzeitig aufgefordert, sich bei derselben zu melden (§ 65 II GmbHG). Laufende Geschäfte sind von den Liquidatoren zu beendigen, Verpflichtungen der aufgelösten Gesellschaft zu erfüllen, Forderungen derselben einzuziehen und das Vermögen der Gesellschaft in Geld umzusetzen. Sie haben die Gesellschaft gerichtlich und außergerichtlich zu vertreten. Die Liquidatoren können zur Beendigung schwebender Geschäfte auch neue Geschäfte eingehen (§ 70 GmbHG).

Die Rechnungslegungspflicht besteht nicht nur zur Zeit der werbenden GmbH, sondern auch bei Liquidation. Gemäß § 71 I GmbHG ist für den Beginn der Liquidation eine Bilanz und ein erläuternder Bericht sowie ein Jahresabschluss und ein Lagebericht aufzustellen. Die Bilanzierung unterscheidet sich nur insofern, dass das Anlagevermögen wie Umlaufvermögen bewertet wird. Die Gesellschafter beschließen hierbei über die Feststellung der Eröffnungsbilanz und des Jahresabschlusses sowie über die Entlastung der Liquidatoren (§ 71 II GmbHG). Von der Prüfungspflicht des Jahresabschlusses und des Lageberichts kann das Gericht gemäß § 71 III GmbHG eine Befreiung bewirken, wenn die Verhältnisse der Gesellschaft so überschaubar sind, dass eine Prüfung im Interesse der Gläubiger und der Gesellschafter nicht geboten erscheint. Die Liquidatoren haben im Übrigen dieselben Rechte und Pflichten aus den §§ 37, 41 I, § 43 I, II, IV, § 49 I, II, § 64 GmbHG sowie § 15 a InsO wie der Geschäftsführer.

Die Angabe der Liquidation ist auf den Geschäftsbriefen zu vermerken (§ 71 V GmbHG). Hier gilt § 35 a GmbHG weiterhin. Die erforderlichen Angaben sind daher auch von der aufgelösten GmbH zu beachten. Die Tatsache, dass sich die Gesellschaft in Liquidation befindet, muss in den Geschäftsbriefen angegeben werden, mit allen Liquidatoren und, sofern die Gesellschaft einen Aufsichtsrat gebildet und dieser einen Vorsitzenden hat, dem Vorsitzenden des Aufsichtsrats mit dem Familiennamen und mindestens einem ausgeschriebenen Vornamen.

Nach § 72 GmbHG wird das zu verteilende Gesellschaftsvermögen unter den Gesellschaftern nach Verhältnis ihrer Geschäftsanteile verteilt. Die Gesellschafter können jedoch ein anderes Verhältnis für die Verteilung im Gesellschaftsvertrag bestimmen. Der Liquidator darf die Verteilung nicht vor Tilgung oder Sicherstellung der Schulden der Gesellschaft und nicht vor Ablauf eines Jahres seit dem Tage vornehmen, an welchem die Aufforderung an die Gläubiger in den Gesellschaftsblättern zum dritten Male erfolgt ist (§ 73 GmbHG).[75] Der Gläubigerschutz, der bereits durch die Vermögensschutzvorschrift des § 30 GmbHG vorherrscht, wird im Liquidationsverfahren zusätzlich durch die Liquidationsschutzvorschrift aus § 73 GmbHG verstärkt. Unter dieses Auszahlungsverbot fallen nicht nur echte Ausschüttungen, sondern auch eine Vorfinanzierung der Liquidationsquote durch Darlehensausgabe an die Gesellschafter der aufgelösten GmbH.[76] Bei Vermögensauszahlung an die Gesellschafter hat die Erstattung durch die Forderungspflicht des Geschäftsführers gegen die Gesellschafter in die Liquidationsmasse zu erfolgen. Bei einer Zuwiderhandlung gegen die Verteilungsvorschrift sind die Liquidatoren zum Ersatz der verteilten Beträge solidarisch verpflichtet. § 43 III und IV GmbHG finden entsprechende Anwendung.

Die Liquidatoren haben gemäß § 74 I GmbHG den Schluss der Liquidation zur Eintragung in das Handelsregister anzumelden, woraufhin die Gesellschaft zu löschen ist. Gemäß § 74 II GmbHG sind die Liquidatoren nach der Beendigung der Liquidation verpflichtet, die Bücher und Schriften der GmbH für die Dauer von zehn Jahren einem der Gesellschafter oder einem Dritten in Verwahrung zu geben. Für die Gesellschafter und deren Rechtsnachfolger existiert ein Einsichtsrecht der Bücher und Schriften. Die Gläubiger der Gesellschaft können eine Einsichtsermächtigung von dem Gericht erlangen.

Steuerrechtliche Folgen der Liquidation sind die Abschlussbesteuerung und das damit einhergehende Ende der Steuerpflicht nach Abwicklung.

Arbeitsrechtliche Folgen sind die betriebsbedingten und daher sozialgerechtfertigten Kündigungen der Arbeitsverhältnisse bei Auflösung der Gesellschaft.

---

[75] Stehle/Leuz, Der erfolgreiche GmbH-Geschäftsführer, S.194 ff.
[76] DB 1994, 2013 ff.; Schmidt/Uhlenbruck, Die GmbH in Krise, Sanierung und Insolvenz, S.346, Rn.747

2.3 Die Rechte und Pflichten des GmbH-Geschäftsführers im Insolvenzverfahren

Das Ziel des Insolvenzverfahrens ist die Schadensbegrenzung durch Verhaltenssteuerung und kollektive Verwertung, Verminderung von Verteilungsrisiken und Erleichterung einer erlösmaximierenden Verwertung, so dass Gläubiger- und GmbH-Interessen Beachtung finden.[77] Wird ein Ungleichgewicht hergestellt, das das unternehmerische Risiko auf die Gesellschaftsgläubiger verlagert, kann dies haftungsrelevante Folgen haben. Das Insolvenzverfahren muss daher durch den Insolvenzantrag des Geschäftsführers zum richtigen Zeitpunkt eingeleitet und beim zuständigen Amtsgericht am Sitz der Gesellschaft eingereicht werden. Mit der Antragsstellung kann ein aufgestellter Insolvenzplan des Geschäftsführers, der die weitere Zukunft bestimmt, einhergehen, ebenso aber ist die Erstellung eines Insolvenzplans durch den Manager oder Insolvenzverwalters im eröffneten Verfahren möglich. Zwischen Antrag und Eröffnungsbeschluss (Insolvenzeröffnungsverfahren) wird der Insolvenzgrund geprüft sowie das Vorhandensein ausreichender Masse. Der vorläufige Insolvenzverwalter kann hier Sicherungsmaßnahmen zum Schutz der Insolvenzmasse treffen. Das eröffnete Insolvenzverfahren leitet der Insolvenzverwalter, wenn nicht die Eigenverwaltung angeordnet wurde. Seine Aufgaben, die Inbesitznahme und Verwaltung des Vermögens (§§ 148, 80 InsO), die Verwertung der Masse, die Bereinigung der Masse, die Feststellung der Schuldenmasse (§§ 174 ff. InsO) und die Befriedigung der Gläubiger, hat er zu erfüllen. Die Insolvenzmasseverwertung kann z.B. durch die Zerschlagung des Gesellschaftsvermögens und der darauf folgenden Gläubigerverteilung, die Unternehmenssanierung oder die Unternehmensverwertung durch Übertragung an einen Dritten gegen Entgelt (Übertragene Sanierung), erfolgen. Das Insolvenzverfahren wird durch den Beschluss des Insolvenzgerichts beendet (§§ 200, 207, 211 bis 215 InsO).

2.3.1 Antragsberechtigte

Zum schriftlichen Insolvenzantrag sind nach § 13 I InsO die Gläubiger und Schuldner berechtigt. Stellt der Gläubiger den Antrag, muss er ein rechtliches Interesse an der Eröffnung des Insolvenzverfahrens haben und seine Forderung sowie den Eröffnungsgrund glaubhaft machen können (§ 14 I InsO). Zur Antragstellung bei juristischen Personen ist jedes Mitglied des Vertretungsorgans der GmbH nach § 15 InsO berechtigt. Stellt einer von mehreren Geschäftsführern den Insolvenzantrag, so ist der Eröffnungs-

---

[77] Schmidt/Uhlenbruck, Die GmbH in Krise, Sanierung und Insolvenz, S.371, Rn.810

grund zu erläutern und an Eides Statt zu versichern (§ 15 II InsO). Selbst bei Gesamtvertretungsbefugnis der Geschäftsführer ist jeder einzeln zur Antragstellung befugt. Bei Eigenantrag aufgrund drohender Zahlungsunfähigkeit müssen die Antragsteller nach § 18 III InsO mit vertretungsberechtigter Zahl zustimmen. Allein der von allen Geschäftsführern gestellte Antrag ist ohne Glaubhaftmachung zulässig. Der Antrag kann zurückgenommen werden, bis das Insolvenzverfahren eröffnet oder der Antrag rechtskräftig abgewiesen ist (§ 13 II InsO). Die faktischen Organe sind nicht antragsberechtigt.

2.3.2 Inhalt des Eigenantrags

Bei Eigenantragsstellung prüft das Insolvenzgericht die Verfahrensvoraussetzungen. Demnach muss der Antrag von einem Partei- und Prozessfähigen bzw. gesetzlichen Vertreter gestellt werden. Dieser schriftliche Antrag der GmbH muss zudem vom organschaftlichen Vertreter unterschrieben sein. Zur Zulässigkeitsvoraussetzung für den wegen Zahlungsunfähigkeit bzw. Überschuldung gestützten Eigenantrag bedarf es keiner Vorlage eines Gläubigerverzeichnisses, einer Vermögensübersicht, eines Liquiditäts- oder Insolvenzplans bei Sanierungsabsicht, da § 13 InsO keinerlei Regelungen zur Vorlage dieser Unterlagen enthält. Die GmbH muss lediglich nach § 4 InsO i.V.m., § 253 ZPO Tatsachen vortragen, die geeignet sind, eine Eröffnung des Insolvenzverfahrens zu rechtfertigen, die Richtigkeit der Tatsachen wird hierbei unterstellt.[78] Stellt die Gesellschaft bei drohender Zahlungsunfähigkeit einen Insolvenzantrag mit der Beabsichtigung zur Unternehmenssanierung, sollte sie gleichzeitig einen Sanierungsplan mit vorlegen (prepackaged plan). In diesem Fall ist die Liquiditätslage nachvollziehbar darzulegen. Gegenwärtige fällige Zahlungsverpflichtungen und jene, die in absehbarer Zeit fällig werden, müssen den derzeitig verfügbaren Mitteln gegenübergestellt werden. Die Vorlagepflicht kann mit dem Antrag auf Eröffnung des Insolvenzverfahrens gekoppelt werden (§ 218 I S.2 InsO). Ist der Insolvenzplan das optimale Instrument zur Unternehmenssanierung, kann aus dem Recht der GmbH zur Planvorlage eine Pflicht für den Geschäftsführer im Innenverhältnis werden (Planinitiativrecht).[79]

---

[78] NZI 2000, 238
[79] Schmidt/Uhlenbruck, Die GmbH in Krise, Sanierung und Insolvenz, S.775, Rn.1617

2.3.3 Rechtslage nach Insolvenzantragstellung

Die Krisenprävention des Geschäftsführers wird durch den Insolvenzantrag beendet. In der Zeit der Begründetheitsprüfung bedarf es besonderer Sicherungsmaßnahmen des Schuldnervermögens nach § 21 InsO durch das Insolvenzgericht wegen Einzelzugriffen von Gläubigern oder Sondervorteilsverschaffung. Insbesondere kann das Gericht gemäß § 21 II InsO dem Schuldner ein allgemeines Verfügungsverbot auferlegen, Maßnahmen der Zwangsvollstreckung gegen den Schuldner untersagen oder einstweilen einstellen und eine vorläufige Postsperre anordnen. Die Aufgaben des Geschäftsführers werden ab diesem Zeitpunkt vom vorläufigen Insolvenzverwalter übernommen, wenn das Gericht einen solchen bestellt (§ 21 II Nr.1 InsO). Der Manager unterliegt jedoch weiterhin allgemeinen Verhaltenspflichten.[80]

2.3.4 Allgemeine Verhaltenspflichten

Der Geschäftsführer unterliegt in Krisenzeiten, d.h. ab Insolvenzantragsstellung, allgemeinen Verhaltenspflichten.

2.3.4.1 Auskunfts- und Mitwirkungspflichten

Im Insolvenzeröffnungsverfahren besteht nach § 22 III S.3 InsO die Pflicht des Geschäftsführers zur Auskunft ggü. dem vorläufigen Insolvenzverwalter und nach §§ 20, 97 I InsO auch ggü. dem Insolvenzgericht. Grundsätzlich besteht für den Geschäftsführer die Pflicht zur Unterstützung (§ 97 II InsO). Bei dem eröffneten Insolvenzverfahren besteht für den Manager eine erweiterte Auskunftspflicht (§ 97 InsO). Hierbei darf er die Auskunft, eine eidesstattliche Versicherung oder die Mitwirkung nicht verweigern oder sich der Pflicht entziehen (§§ 5 I, 20 I S.1, 101 I S.1 InsO). Er hat somit die Pflicht, dem Insolvenzgericht, dem Insolvenzverwalter, dem Gläubigerausschuss und auf Anordnung des Gerichts der Gläubigerversammlung über alle das Verfahren betreffenden Verhältnisse Auskunft zu geben (§ 97 I InsO).[81] Die Auskunftspflicht kann erzwungen werden (§ 98 InsO). Gemäß §§ 20 I S.2, 101 I S.2 InsO gelten die Auskunfts- und Mitwirkungspflichten des Schuldners sowie die Durchsetzung der Pflichten durch das Gericht auch für den nicht früher als zwei Jahre ausgeschiedenen Geschäftsführer. Verfügt der Schuldner über keinen Vertreter, gilt dies auch für die Personen, die an ihm beteiligt sind. Kommen die in § 101 InsO ge-

---

[80] Schmidt/Uhlenbruck, Die GmbH in Krise, Sanierung und Insolvenz, S.480, Rn.953 ff.
[81] NZI 1999, 459

nannten Personen ihrer Auskunfts- und Mitwirkungspflicht nicht nach, können ihnen im Fall der Abweisung des Antrags auf Eröffnung des Insolvenzverfahrens die Kosten des Verfahrens auferlegt werden. Diese Pflichten treffen den ausgeschiedenen Geschäftsführer dann, wenn die Auskunft des gegenwärtigen Vertreters nicht erlangt werden kann oder ausreicht. Ein Aussageverweigerungsrecht ist nicht existent. Gleichfalls kann er sich nicht der Auskunftspflicht entziehen durch Ausreden, z.B. dass sich die Geschäftsunterlagen sich beim Steuerberater oder sonstigen Dritten befänden.[82] Der Manager hat dem Verwalter auch die Einsicht in die Bücher und Geschäftspapiere der Gesellschaft zu gewähren. Gemäß § 97 II InsO hat er auch Tatsachen zu offenbaren, die geeignet sind, eine Verfolgung wegen einer Straftat oder einer Ordnungswidrigkeit herbeizuführen. Jedoch darf eine Auskunft, die der Schuldner gemäß seiner Verpflichtung erteilt, in einem Strafverfahren oder in einem Verfahren nach dem Gesetz über Ordnungswidrigkeiten gegen den Schuldner oder einen Angehörigen des Schuldners nach § 52 I StPO nur mit Zustimmung des Schuldners verwendet werden. Auf Anordnung des Gerichts muss der Schuldner jederzeit zur Verfügung stehen, um seine Auskunfts- und Mitwirkungspflichten zu erfüllen. Alle Handlungen, die der Erfüllung dieser Pflichten zuwiderlaufen, sind zu unterlassen (§ 97 III InsO.)

Eine Abgrenzung ist innerhalb der Mitwirkungspflicht im Insolvenzeröffnungsverfahren zu treffen. Nach dem Gesetz hat er den Verwalter zu unterstützen, nicht jedoch tatsächlich mitzuarbeiten. Weiterhin hat er aber bei der Sanierungsfähigkeitsprüfung der GmbH und der Vorbereitung von Sanierungsmaßnahmen dem Verwalter aktiv zu helfen. In diesem Fall hat der Geschäftsführer ohnehin ein besonderes Kooperationsinteresse, da der Insolvenzverwalter in der ersten Gläubigerversammlung (Berichtstermin) zur Unternehmensfortführung oder Stilllegung Stellung nimmt sowie zu dem vom Geschäftsführer vorgelegten Insolvenzplan (§§ 156 ff. InsO). Die Vollmachtserteilung des Verwalters durch den Geschäftsführer unterliegt der Mitwirkungspflicht, um besondere Sicherungsmaßnahmen durchführen zu können, wie etwa das im Ausland befindliche Vermögen einzuholen und zu sichern.

Ein Vergütungsrecht des Managers bezüglich seiner Mitwirkungspflicht im Insolvenzeröffnungsverfahren hat er nicht. Ein Recht auf Aufwendungsersatz ist auch ausgeschlossen. Ein Vergütungsrecht steht ihm jedoch dann zu, wenn der Gesamtumfang der Arbeiten für einen gekündigten Manager, dem keine vertraglichen Vergütungsansprüche mehr zuste-

---

[82] Schmidt/Uhlenbruck, Die GmbH in Krise, Sanierung und Insolvenz, S.490, Rn.982; ZIP 1996, 529, 531

hen, ein Ausmaß erreicht, das eine sonstige berufliche Vollzeittätigkeit nicht mehr zulässt.[83]

Die Beendigung der Geschäftsführerstellung in der Krise führt nicht zum Entfallen dieser Pflichten gemäß § 101 I S.2 InsO.

2.3.4.2 Rechtsfolgen bei Verstoß und Beschwerderecht

Bei Verstoß seiner Auskunfts- und Mitwirkungspflichten, wie z.b. bewusst unrichtige Angaben (§ 283 StGB) oder Verletzung seiner eidesstattlichen Versicherung (§ 156 StGB), können ihm strafrechtliche Folgen entgegenstehen.[84] Bei Anordnung von Beugehaft zur Erzwingung seiner Auskunfts- und Mitwirkungspflicht steht dem Manager die sofortige Beschwerde gegen die Anordnung der Haft und gegen die Abweisung eines Antrags auf Aufhebung des Haftbefehls wegen Wegfalls seiner Voraussetzungen nach §§ 20 I S.2, 98 III S.3 InsO zu. Der Geschäftsführer besitzt im Insolvenzeröffnungsverfahren das Verfahrensrecht der sofortigen Beschwerde (§ 6 I InsO) und der Rechtsbeschwerde (§ 7 InsO). Eine sofortige Beschwerde steht ihm auch bei Eröffnung des Insolvenzverfahrens nach § 34 I, II InsO zu. Dieses Beschwerderecht steht den Gesellschaftern nicht zu.

2.3.4.3 Spezielle Mitwirkungspflichten

Spezielle Mitwirkungspflichten können sich aus einzelnen insolvenzrechtlichen Normen ergeben. Im Prüfungstermin hat der Geschäftsführer die Pflicht, sich zu den angemeldeten Forderungen nach § 176 InsO zu erklären. Der Geschäftsführer muss die Vollständigkeit der Vermögensübersicht eidesstattlich versichern, wenn ein Antrag gestellt wurde (§ 153 II InsO). Eine weitere spezielle Pflicht stellt die Mitwirkung im Insolvenzplanverfahren dar, wenn die GmbH mit Unterstützung der Gesellschafter saniert wird.

2.3.5 Kreditgeschäfte

Kreditgeschäfte können auch den Sicherungsmaßnahmen des Insolvenzgerichts nach § 21 I InsO unterliegen. Nach § 21 II Nr.3 InsO werden Maßnahmen zur Zwangsvollstreckung von bereits gewährten Krediten oder neuer Kredite untersagt oder einstweilig eingestellt. Der Geschäftsführer kann durch das Insolvenzgericht einem Verfügungsverbot unterstellt werden, dessen Wirkungen sich nach § 24 I InsO auf Regelungen aus den

---

[83] Schmidt/Uhlenbruck, Die GmbH in Krise, Sanierung und Insolvenz, S.608, Rn.1213
[84] siehe unter: 2.5.3.7. Insolvenzdelikte

§§ 81, 82 InsO richten. Verfügungen sind Rechtsgeschäfte, die unmittelbar darauf gerichtet sind, auf ein bestehendes Recht einzuwirken, es zu verändern, zu übertragen oder aufzuheben, also auch die Bestellung von Sicherheiten am Schuldnervermögen und die Übereignung oder Abtretung. Daher sind Verfügungen, die der Geschäftsführer nach der Eröffnung des Insolvenzverfahrens über einen Gegenstand der Insolvenzmasse tätigt, unwirksam (§ 81 I InsO). Das Verfügungsverbot unterliegt selbst Beschränkungen, wie etwa bei bestehenden Kreditverträgen, die nicht durch dieses Verbot beendet werden (§§ 103 ff. InsO).[85]

2.3.6 Insolvenzgeldanspruch

Der Manager hat dem Inhalt seines Anstellungsvertrages nach im Normalfall einen Anspruch auf Insolvenzgeld (§ 183 SGB III), wenn die Voraussetzung des Eintritts eines Insolvenzereignisses beim Arbeitgeber zutrifft.[86] Aufgrund seines Anstellungsvertrages ist auch der Manager ggü. dem Arbeitgeber zu Dienstleistungen in persönlich abhängiger Stellung gegen Entgelt verpflichtet. Somit entfällt der Gesellschafter-Geschäftsführer. Als Maßstab der Insolvenzgeldhöhe gelten die letzten dem Insolvenzereignis vorausgehenden drei Monate des Anstellungsvertrages (§ 183 I SGB III), abgestellt auf den Tag der Einreichung des Antrags auf Eröffnung des Insolvenzverfahrens.[87] Das Insolvenzgeld wird in Höhe des Nettoarbeitsentgelts geleistet (§ 185 SGB III). Aufgrund der fehlenden Höchstgrenze der zu bestimmenden Leistung des anspruchsberechtigten Managers wird auch sein Nettolohn in voller Höhe ausbezahlt.

2.3.7 Rechtsfolgen bei Abweisung mangels Masse

Im Falle der Abweisung des Antrags auf Eröffnung des Insolvenzverfahrens mangels Masse durch das Insolvenzgericht gemäß § 26 I S.1 InsO werden einerseits die vorläufigen Sicherungsmaßnahmen (§ 21 InsO) aufgehoben und andererseits können Schadensersatzansprüche aus § 26 III InsO bezüglich des Massekostenvorschusses oder verspäteter Antragsstellung gegen den Geschäftsführer entstehen. Die Abweisung bedeutet gleichzeitig die Auflösung der GmbH (§ 60 I Nr.5 GmbHG). Die aufgelöste GmbH besteht als Abwicklungsgesellschaft fort, solange sie nicht wegen Vermögenslosigkeit von Amtswegen (§ 141a FGG) bzw. nicht im Handels-

---

[85] Schmidt/Uhlenbruck, Die GmbH in Krise, Sanierung und Insolvenz, S.516, Rn.1060
[86] Schmidt/Uhlenbruck, Die GmbH in Krise, Sanierung und Insolvenz, S.538, Rn.1098 ff.
[87] EuGH 15.05.2003 - C-160/01

register gelöscht wurde.[88] Ihr werbender Zweck wird zum Liquidationszweck. Der Geschäftsführer kann dabei als Liquidator fungieren[89]

2.3.8 Einstellung im eröffneten Insolvenzverfahren mangels Masse

Das Gericht kann nach § 207 I S.1 InsO das eröffnete Insolvenzverfahren, nachdem im Verlauf des Verfahrens die Masse nicht mehr ausreicht und niemand einen Massekostenvorschuss leistet, einstellen. Auch zu diesem Zeitpunkt kann der Geschäftsführer dem Schadensersatzanspruch bezüglich des Verfahrenskostenvorschusses zur Weiterführung des Verfahrens nach § 207 I S.2 InsO i.V.m., § 26 III InsO unterliegen.[90] Der Einstellungsbeschluss wird wirksam mit dem Ablauf des zweiten Tages nach dem Tag der Veröffentlichung (§ 215 I S.2 InsO i.V.m., § 9 I S.3 InsO). Ab diesem Zeitpunkt erlangt der Geschäftsführer wieder sein Verfügungsrecht über das Gesellschaftsvermögen.

2.3.9 Eigenverwaltung

Der Geschäftsführer ist berechtigt, unter der Aufsicht eines Sachwalters die Insolvenzmasse zu verwalten und über sie zu verfügen, wenn das Insolvenzgericht in dem Beschluss über die Eröffnung des Insolvenzverfahrens die Eigenverwaltung gemäß den §§ 270 ff. InsO anordnet. Bei Anordnung der Eigenverwaltung hat er demnach nicht nur die gesellschaftsrechtlichen Pflichten, sondern auch die insolvenzrechtlichen Pflichten zu beachten. Ist die Eigenverwaltungsanordnung erfolgt, so kann die Gläubigerversammlung den Auftrag zur Ausarbeitung eines Insolvenzplans nach den §§ 217 ff. InsO an den Geschäftsführer richten.[91] Bei Auftragserteilung an den Manager wirkt der Sachwalter beratend mit (284 I InsO).

2.3.10 Rechtslage im eröffneten Insolvenzverfahren

Trotz des eröffneten Insolvenzverfahrens bleibt die aufgelöste GmbH als rechts- und handlungsfähiger Rechtsträger bestehen. Die GmbH ist dann Insolvenzschuldnerin. Der Geschäftsführer behält weiterhin seine Rechtsstellung. Im Falle einer Kündigung des Anstellungsvertrags seitens der Gesellschafter oder des Verwalters bleiben sämtliche Verfahrenspflichten, die der Manager im eröffneten Verfahren zu erfüllen hat, bestehen. Begründet wird dies aufgrund des Fortbestehens des organschaftlichen

---

[88] Schmidt/Uhlenbruck, Die GmbH in Krise, Sanierung und Insolvenz, S.560, Rn.1139
[89] siehe unter: 2.2.5.2. Liquidation
[90] siehe unter: 2.2.4.4. Mögliche Feststellungsfolgen
[91] Schmidt/Uhlenbruck, Die GmbH in Krise, Sanierung und Insolvenz, S.776, Rn.1618

Status. Daher ist der Geschäftsführer und nicht der Insolvenzverwalter nach §§ 39, 78 GmbHG berechtigt und verpflichtet, die Abberufung und Neubestellung von Geschäftsführern zur Eintragung ins Handelsregister anzumelden.[92] Vermögensrechtliche Befugnisse hält der Insolvenzverwalter inne, während dem Geschäftsführer eine Restkompetenz von Rechten und Pflichten der GmbH obliegt. Durch die Eröffnung des Insolvenzverfahrens geht somit das Recht des Geschäftsführers, das zur Insolvenzmasse gehörende Vermögen zu verwalten und über es zu verfügen, auf den Insolvenzverwalter über (§ 80 I InsO). Die Anmeldung zum Handelsregister von eintragungspflichtigen Umständen, wie eine Satzungsänderung nach § 54 GmbHG, gehört weiterhin zu den Pflichten des Managers.

2.3.11 Vergütungsanspruch

Ab dem Zeitpunkt der Insolvenzverfahrenseröffnung steht dem Manager bis zur Wirksamkeit der Kündigung durch den Verwalter Vergütungsansprüche als sonstige Masseverbindlichkeiten nach § 55 I Nr.2 InsO zu. Er zählt somit zu den Massegläubigern gemäß § 53 InsO, die aus der Insolvenzmasse vorweg zu berichtigen sind. Die Zahlung des Geschäftsführergehalts unterliegt unterschiedlich steigerungsfähigen Beurteilungsansätzen. Einerseits werden bereits durch die Ausgestaltung des Anstellungsvertrags Anreize geschaffen, die den Manager zur erfolgreichen Arbeit motivieren und damit noch höhere Gehaltszahlungen erfolgen. Anderseits muss daher schon durch die Treuepflicht, die auch im Insolvenzverfahren gilt, sowohl bei der ordentlichen als auch bei der außerordentlichen Kündigung eine Herabsetzung der Geschäftsführervergütung möglich sein. Aus Treue und Glauben gemäß § 242 BGB kann die Verweigerung auf Entgeltfortzahlung als letzte Möglichkeit angesehen werden. Der volle Gehaltsanspruch kann sogar als rechtsmissbräuchlich gedeutet werden hinsichtlich der eingeschränkten Dienstleistungspflicht. Als weiteres Indiz dient der § 97 II InsO aufgrund der unentgeltlich zu leistenden Unterstützung des Verwalters. Des Weiteren ist die Aufrechnung mit Schadensersatzansprüchen der GmbH gegen den Manager wegen schuldhafter Verletzung seiner Pflichten zulässig.[93]

---

[92] Schmidt/Uhlenbruck, Die GmbH in Krise, Sanierung und Insolvenz, S.600, Rn.1200
[93] Schmidt/Uhlenbruck, Die GmbH in Krise, Sanierung und Insolvenz, S.593, Rn.1192

2.3.12 Verfahrensrechtliche Pflichten

Der Geschäftsführer hat nicht zuletzt die allgemeinen Verhaltenspflichten in der Insolvenz wahrzunehmen, sondern vielmehr auch verfahrensrechtliche Pflichten, wie die Einlegung von Rechtsmitteln (§§ 34, 253 InsO), Vorlagepflicht eines Insolvenzplans (§ 218 I InsO) und wenn die Gesellschafter beschließen, die Antragstellung an das Insolvenzgericht zur Untersagung von Rechtshandlungen (§ 161 S.2 InsO), die Verfahrenseinstellung (§ 213 InsO) oder die Durchführung der Eigenverwaltung (§§ 270 ff InsO). Eine weitere Pflicht aus der innergesellschaftlichen Organisation stellt die Einberufung einer Gesellschafterversammlung auch zur Zeit der Insolvenz dar. Verweigert der Geschäftsführer grundlos eine zur Kapitalerhöhung notwendige Gesellschafterversammlung, wird dies als schuldhafte Pflichtverletzung gewertet. Führt dies zum Scheitern der Insolvenzplanbestätigung (§ 249 InsO), haftet der Manager nach § 43 GmbHG[94] ggü. den Gesellschaftern auf Schadensersatz.[95]

2.4. Haftungsrelevante Fragen

In der heutigen Geschäftsführerzeit hat die Haftung eine noch bedeutendere Stellung eingenommen. Die GmbH trägt zwar die Haftungsbeschränkung im Namen und der Gesellschafter haftet nicht mit seinem Privatvermögen für Verbindlichkeiten der Gesellschaft (§ 13 II GmbHG), daher gilt dies auch und erst recht für den Geschäftsführer, jedoch sind dem Geschäftsführer eine Reihe von Pflichten auferlegt, deren Verletzung zur Haftung und weiteren Rechtsfolgen führen können. Die Haftungsstruktur lässt sich in das Innenverhältnis (Verantwortlichkeit ggü. der GmbH) und Außenverhältnis (Verantwortlichkeit ggü. Gesellschafter, Geschäftspartner oder sonstigen Personen) gliedern, wobei das Außenverhältnis auch interne Auswirkungen haben kann, wenn die GmbH einen Anspruch im Außenverhältnis befriedigt und im Innenverhältnis den Geschäftsführer zum Ausgleich auffordert. Die Außenhaftung findet ebenso Berücksichtigung, wenn neben dem Geschäftsführer nicht gleichzeitig auch die Gesellschaft haftet oder wenn die GmbH in die Insolvenz gerät, so dass die Anspruchsteller sich an den Geschäftsführer halten. Haftungsrelevante Fragen sind nicht umsonst von enormer Bedeutung, denn sie sind Ausdruck einer erfolgreichen Krisenprävention. Viel zu häufig vergessen einige leitende Manager, dass gerade eine Haftung zu einer Krise führen kann oder in Zeiten einer Krise die Haftung eine gravierende Auswirkung hat.

---

[94] siehe unter: 2.5.1.1. § 43 GmbHG als Generalklausel
[95] Schmidt/Uhlenbruck, Die GmbH in Krise, Sanierung und Insolvenz, S.600, Rn.1200

2.4.1 Innenhaftung

Die Innenhaftung spiegelt das Verhältnis zwischen Geschäftsführer und GmbH wieder, das in der Generalklausel (§ 43 GmbHG) seinen Ausdruck findet. Neben § 43 GmbHG, der die Verletzung organschaftlicher Pflichten sanktioniert, kommt auch ein Anspruch aus unerlaubter Handlung (§ 823 BGB)[96] in Betracht. Rechte und Pflichten können sich weiterhin durch den Anstellungsvertrag ergeben, wodurch bei Vertragsverletzung eine Schadensersatzpflicht nach § 280 BGB besteht.

2.4.1.1 § 43 GmbHG als Generalklausel

Die Generalklausel ist für den Geschäftsführer die Richtlinie, nach der er sein Amt auszuüben hat. Er hat stets in den Angelegenheiten der Gesellschaft die Sorgfalt eines ordentlichen Geschäftsmannes anzuwenden (§ 43 I GmbHG).[97] Diese unbestimmt formulierte Gesetzesvorschrift zeigt, dass sämtliche Pflichtverletzungen im Innenverhältnis erfasst sind und damit auch ein hohes Haftungsrisiko besteht. Daher haften Geschäftsführer, welche ihre Obliegenheiten verletzen, der Gesellschaft solidarisch für den entstandenen Schaden (§ 43 II GmbHG). Diese Regelung stellt die zentrale Norm für die Innenhaftung des GmbH-Geschäftsführers ggü. der GmbH dar.[98] Um eine Pflichtverletzung zu konkretisieren, wird in allgemeine und spezielle Sorgfaltspflichten unterschieden. Somit hat der Manager den Regeln über Kapitalerhaltung, der Pflicht im Fall der Krise der Gesellschaft sowie seiner Weisungsabhängigkeit von der Gesellschafterversammlung Folge zu leisten. Seine Aufmerksamkeit muss der Geschäftsführer allen Bereichen widmen, so z.B. der ordnungsgemäßen Unternehmensleitung und Buchführung und Einhaltung von allgemein gesicherten und anerkannten betriebswirtschaftlichen Prinzipien (z.B. Kreditgewährung nur gegen Sicherheitsstellung; Sicherungsinstrumente in Form von Eigentumsvorbehalte). Ausgeschlossen sind Spekulationsgeschäfte ohne betriebswirtschaftlichen Anlass, da diese ohnehin gegen objektive Sorgfaltspflichten verstoßen. Tatbestandsvoraussetzungen aus dem § 43 II GmbHG sind immer die genannte Pflichtverletzung, der kausale Vermögensschaden sowie das Verschulden (jede Form des Verschuldens) des Geschäftsführers. In Bezug auf die Beweislastverteilung hat grundsätzlich der Anspruchsteller, hier die GmbH, die Voraussetzungen eines Anspruchs zu beweisen. Jedoch bestehen Besonderheiten im Falle

---

[96] siehe unter: 2.5.2.1 Deliktische Haftung aus unerlaubter Handlung
[97] siehe unter: 2.1.1. Sorgfalt eines ordentlichen Geschäftsmannes
[98] Muschalle/Schultze, Die Haftung des Geschäftsführers, S.48

der Geschäftsführerhaftung. Die GmbH hat darzulegen, dass ihr durch das Verhalten des Geschäftsführers, sei es durch ein Tun oder Unterlassen innerhalb seines Pflichtenkreises, ein Schaden entstanden ist.[99] Das Verschulden wird immer zu Lasten des Geschäftsführers vermutet.

Der Geschäftsführer hingegen kann sich folglich nur dann entlasten, indem er darlegt, pflichtgemäß und ohne Verschulden gehandelt zu haben. Die Verjährungsfrist beläuft sich auf fünf Jahre ab Anspruchsentstehung nach § 43 IV GmbHG.

Einzelne im Anschluss erwähnte Ansprüche werden nun erläutert:

2.4.1.1.1 Zahlungsverstoß gegen §§ 30, 31 GmbHG

Geschäftsführer sind insbesondere der Gesellschaft ggü. zum Ersatz verpflichtet, wenn sie den Bestimmungen des §§ 30, 31 GmbHG zuwider Zahlungen aus dem zur Erhaltung des Stammkapitals erforderlichen Vermögen der Gesellschaft an Gesellschafter oder nahe stehenden Personen leisten oder den Bestimmungen des § 33 GmbHG zuwider eigene Geschäftsanteile der Gesellschaft erwerben.[100] Die Bestimmung dient dem Schutz des haftenden Gesellschaftsvermögens. Der Gesetzgeber verfolgt damit das Ziel zur Sicherung des Reinvermögens der GmbH in Höhe des bestimmten Stammkapitals. Somit würden Erhaltungspflichten des Stammkapitals nur in jenen Fällen greifen, in denen das Reinvermögen der Gesellschaft das im Handelsregister eingetragene Stammkapital unterschreitet. Das Auszahlungsverbot zum Schutze des Gesellschaftsvermögens hat ungeachtet einer entgegenstehenden Weisung der Gesellschafter Fortbestand.

Die Schadensersatzanspruchsgrundlage für besonders schwerwiegende Verstöße gegen den Kapitalschutz ergibt sich aus § 43 III GmbHG. Jedoch wird hier entgegengehalten, dass dieser ein verschuldensabhängiger Folgenbeseitigungsanspruch darstellt und somit auf den ausstehenden Fehlbetrag beschränkt ist. Der weitergehende Schaden kann nur durch § 43 II GmbHG ersetzt werden.

2.4.1.1.2 Erwerb eigener Anteile

Bei Zuwiderhandlung der Bestimmungen aus § 33 GmbHG (Verbot des Erwerbs eigener Geschäftsanteile) haftet der Manager nach § 43 III S.1 Alt.2 GmbHG. Wegen des Verstoßes gegen § 33 I und II GmbHG ist der

---

[99] BGH NJW 2003, 358
[100] Krieger/Schneider, Managerhaftung, S.21, Rn.21

Erwerb unwirksam bzw. der Kaufpreis, der aus dem Gesellschaftsvermögen für den Erwerb gezahlt wurde, zurückzuübertragen (Ungerechtfertigte Bereicherung). Ist eine Rückabwicklung aufgrund etwaiger Zahlungsunfähigkeit des Veräußerers nicht möglich, so hat der Geschäftsführer den Kaufpreis des Geschäftsanteils ggü. der GmbH zu erstatten. Der Geschäftsführer hat daher stets bei Erwerb eigener Anteile zu prüfen, ob es sich dabei um ungebundenes Vermögen (oberhalb der Stammkapitalziffer) handelt.[101]

2.4.1.1.3 Falsche Angaben über Leistung der Einlage

Die minderwertige Sacheinlage (§ 9 GmbHG) betrifft unmittelbar nur die Fehlbetragshaftung der Gesellschafter, jedoch muss der Geschäftsführer der Registeranmeldung die Erklärung des Erreichens des Nennbetrags der dafür übernommenen Geschäftsanteile beifügen (§ 8 I GmbHG). Die Gesellschafter und der Geschäftsführer haften als Gesamtschuldner ggü. der GmbH auf Einzahlung des Fehlbetrags, wenn die Erklärung nicht den Tatsachen entspricht (§ 9a I GmbHG).

2.4.1.1.4 Durchsetzung der Unterbilanzhaftung

Zu Beginn der GmbH-Existenz ist der volle Nennbetrag aller Geschäftsanteile vorhanden zu sein, also eine Entstehung ohne Vorbelastung. Die Unterbilanz betrifft die Differenz zwischen dem nominalen Nennbetrag der Geschäftsanteile und dem zum Zeitpunkt der Eintragung tatsächlich vorhandenen Nennbetrag der Geschäftsanteile. Ist bei Eintragung ins Handelsregister eine Unterbilanz gegeben, so haften die Gesellschafter auf Erstattung der Differenz. Zur Feststellung der Unterbilanzhaftung ist eine besondere vor Belastungsbilanz auf den Stichtag der Handelsregistereintragung aufzustellen.[102] Der Geschäftsführer hat natürlich auch hier Sorge dafür zu tragen, den Interessen der GmbH zu entsprechen, d.h. Ansprüche der GmbH durchzusetzen. Folglich hat er die Unterbilanz zu erkennen und diesen Anspruch ggü. den Gesellschaftern durchzusetzen, da er ansonsten selbst auf Schadensersatz haftet.

2.4.1.1.5 Eigenkapitalersetzende Gesellschafterleistung

Die Regelungen zu den Gesellschafterdarlehen (§§ 32a, 32b GmbHG) werden nach dem MoMiG aufgehoben und in das Insolvenzrecht verlagert. Auf die Qualifizierung „kapitalersetzend" wird demnach in Zukunft ver-

---

[101] Rocco, Der GmbH-Geschäftsführer, S.81
[102] Muschalle/Schultze, Die Haftung des Geschäftsführers, S.37

zichtet. Rückzahlungen auf Gesellschafterdarlehen werden daher erst ein Jahr vor und in der Insolvenz der GmbH relevant.

Bisher ist der Geschäftsführer der Gefahr ausgesetzt, nach § 43 I, III GmbHG neben den Gesellschaftern für die schuldhafte unzulässige Darlehensrückerstattung (eigenkapitalersetzende Gesellschafterleistung) zu haften. Nach derzeitiger Rechtslage darf der Geschäftsführer das von einem Gesellschafter gewährte Darlehen, ebenso in der Krise, nicht zurückgewähren, wenn dadurch eine Unterbilanz oder eine Überschuldung der GmbH eintreten oder intensiviert würde. Der Schutz der GmbH vor einer Unterbilanz steht stets über dem Rückerstattungsverlangen für das Darlehen des Gesellschafters, also dann, wenn ein Darlehen mangels Kreditwürdigkeit Eigenkapital ersetzend ist.

Das Eigenkapitalersatzrecht wird nach dem Regierungsentwurf des MoMiG rechtsformneutral in der InsO geregelt. In den §§ 39, 44a, 135 InsO findet eine Zentralisierung statt. Die Kapitalerhaltungsvorschriften nach den §§ 30, 31 GmbHG werden entsprechend auf Gesellschafterdarlehen angewandt. Nach dem neuen § 30 I S.3 GmbHG sind Rückzahlungen von Gesellschafterdarlehen sowie wirtschaftlich gleichstehende Handlungen zunächst jederzeit möglich. In Bezug auf die Insolvenz existieren Ausnahmen bei Rückzahlungen, die zur Zahlungsunfähigkeit der Gesellschaft führen mussten und auch tatsächlich dazu geführt haben, außer bei ihrer Nichterkennbarkeit und bei Beachtung der in § 64 S.2 GmbHG bezeichneten Sorgfalt, oder die nach Eintritt der Zahlungsunfähigkeit der Gesellschaft oder nach Feststellung ihrer Überschuldung geleistet wurden (§ 64 S.1 GmbHG). Im Ergebnis ist daher festzuhalten, dass die ehemalige Geschäftsführerhaftung aus § 43 III GmbHG entfällt und somit zur neuen Haftung nach § 64 GmbHG führt. Der Verwaltungs- und Prüfungsaufwand für Zahlungen aus der Sphäre der GmbH in die des Gesellschafters erhöht sich für den Geschäftsführer. Des Weiteren ist die Anfechtbarkeit nach § 135 InsO der Rückzahlung von Gesellschafterdarlehen im Zeitraum vor der Insolvenz möglich.

Ebenso kann eine solche Rückgewähr eines Gesellschafterdarlehens zu einer Strafbarkeit nach § 266 StGB (auch Schutzgesetz) führen.

2.4.1.1.6 Weisungsrecht und Folgerecht

Der Geschäftsführer haftet für Fehler bei der Ausführung (Grundsatz der Folgepflicht) einer Weisung der Gesellschafterversammlung (Grundsatz der Weisungsabhängigkeit aus § 37 I GmbHG).[103] Eine zulässige Weisung

---

[103] GmbHR 1997, 374

hat der Manager zu befolgen und nicht abzulehnen. Einen fehlerhaften Beschluss der Gesellschafterversammlung darf der Geschäftsführer nicht ausführen. Diese Nichtigkeit des Beschlusses liegt vor, wenn durch die Ausführung Vorschriften verletzt werden, die ausschließlich oder überwiegend zum Schutz der Gläubiger der Gesellschaft oder sonst im öffentlichen Interesse liegen, sowie bei einer Existenz gefährdenden Weisung oder Vorliegen der Sittenwidrigkeit. Bezüglich der Anfechtung des Beschlusses hat der Geschäftsführer zu beachten, ob die Frist noch läuft oder unanfechtbar geworden ist. Ist der Beschluss nicht mehr anzufechten, besteht eine uneingeschränkte Folgepflicht. In diesem Fall ist der Geschäftsführer bei der Ausführung entlastet. Ist jedoch der Beschluss noch anfechtbar, muss der Geschäftsführer noch damit rechnen, dass die Weisung entfällt. Die Sorgfalt ist bei Verwirklichung der entsprechenden Maßnahme geboten.

2.4.1.1.7 Treuepflicht

Der Geschäftsführer haftet weiterhin wegen Verletzung von Loyalitätspflichten. Jegliche Schädigungen ggü. der Gesellschaft sind zu unterlassen. Zu diesen Schutz- und Rücksichtspflichten gehört ebenso ein Wettbewerbsverbot. Die erlangten Kenntnisse und Einflüsse aufgrund der Geschäftsführerstellung dürfen nicht die eigenen Geschäfte zum Nachteil der Gesellschaft fördern. In einem solchen Fall könnte die GmbH auf Unterlassung klagen, sogar Schadensersatz in Form des entgangenen Gewinns fordern. Das Wettbewerbsverbot ist ebenso nach Beendigung der Amtszeit relevant, wenn dies ausdrücklich im Anstellungsvertrag vereinbart worden ist. Unabhängig davon ist der Manager stets zu nachvertraglicher Loyalität verpflichtet.[104] Verboten sind weiterhin die Ausnutzung seines Einflusses für persönliche Vorteile, wie etwa die Gewährung von Darlehen unter dem Marktzins, Dienstreisen, die nicht dienstlicher Natur sind und privatgebräuchlichen Charakter aufweisen, Geschäftschancen, die der Gesellschaft gebühren, als Eigengeschäft an sich zu ziehen.

Eine Geheimhaltungspflicht, die schon die Treuepflicht herleitet, wird explizit in § 85 GmbHG geregelt. Hiernach wird bestraft, wer unbefugt Geschäfts- oder Betriebsgeheimnisse offenbart, also jede Tatsache, die nicht offenkundig ist, und an dessen Geheimhaltung die Gesellschaft ein objektives Interesse hat. Die Tat wird aber nur auf Antrag der Gesellschaft verfolgt (§ 85 III GmbHG). Es handelt sich also nicht um ein Offizialdelikt, sondern um ein Antragsdelikt.

---

[104] Krieger/Schneider, Managerhaftung, S.24, Rn.33

2.4.1.1.8 Grundsatz der Gesamtverantwortung

Nicht jeder Geschäftsführer hat für Pflichtverletzungen seiner Mitgeschäftsführer, die zu Schaden geführt haben, einzustehen. Es haftet immer nur derjenige Manager, dem die Pflichtverletzung zuzuordnen ist. Jeder Sachverhalt ist kritisch zu würdigen, da bei Beschlüssen aller Mitgeschäftsführer sich keiner blind auf den Anderen verlassen darf.

2.4.1.1.9 Haftung bei Delegation

Der Geschäftsführer, der von seiner Delegationsbefugnis Gebrauch macht, also nachgeordnete Mitarbeiter beauftragt, haftet in diesem Fall nur für eine ordnungsgemäße Auswahl der Mitarbeiter, angemessene Einweisung und Information sowie für eine erforderliche Überwachung.

2.4.1.1.10 Rechnungswesen

Die ordnungsgemäße Buchführung ist Aufgabe des Geschäftsführers und wird durch § 41 GmbHG verkörpert, der gleichzeitig auch Schutzgesetz ist. Bei Verletzung dieser Pflicht liegt eine Ordnungswidrigkeit gemäß § 334 HGB vor. Ebenso ist es nicht ausreichend, eine Bilanz zu erstellen, die nicht übersichtlich und inhaltlich richtig ist. Daher kann er sich als leitungsbefugtes Organ der GmbH nach § 331 Nr.1 HGB strafbar machen, wenn er die Verhältnisse in der Eröffnungsbilanz im Jahresabschluss oder im Lagebericht unrichtig wiedergibt oder verschleiert. Zum Tragen kommt dies z.B. bei der Bilanzfälschung, indem der Geschäftsführer willkürlich einzelne Bilanzpositionen erhöht oder herabsetzt bzw. Tatsachen zur Feststellung undeutlich oder unkenntlich sind.

Die Pflicht der GmbH, den aufgestellten Jahresabschluss durch einen Abschlussprüfer prüfen zu lassen, ist in § 316 I HGB geregelt. Kleine Kapitalgesellschaften i.S.d. § 267 I HGB sind allerdings von der Prüfungspflicht befreit, sie können sich jedoch auf freiwilliger Basis einer Prüfung unterziehen. Der Geschäftsführer haftet im Falle einer unterlassenen pflichtmäßigen Abschlussprüfung für daraus entstehende Nachteile der Gesellschaft.

Der Verantwortungsbereich einer ordnungsgemäßen Buchführung ist ebenso betroffen, wenn nicht aufklärbare Zahlungen im Raum stehen. Bei Absicht zur Anspruchsverfolgung hat die GmbH für jede in Frage kommende fragliche Zahlung jene Umstände detailliert darzulegen und unter Beweis zu stellen.

Im Falle des Verlustes der Hälfte des Stammkapitals, das aus der Jahresbilanz oder aus einer im Laufe des Geschäftsjahres aufgestellten Bilanz entdeckt wird, hat der Manager nach § 49 III GmbHG die außerordentliche Gesellschafterversammlung einzuberufen. Eine Haftung nach § 84 I GmbHG folgt, wenn der Geschäftsführer eine solche Verlustanzeige ggü. den Gesellschaftern unterlässt.

Ferner ist die Verschleierung der Vermögenslage der Gesellschaft sowie die falsche Angabe hierüber in öffentlichen Mitteilungen (Geschäftslagetäuschung) nach § 82 GmbHG unter Strafe gestellt. Dieser Paragraph umfasst gleichfalls den Gründungs-, Kapitalerhöhungs-, Kapitalherabsetzungs- und Eignungsschwindel.

Bei Verletzung der Buchführungspflicht kann auch der Straftatbestand des Sonderdelikts gemäß § 283 b StGB erfüllt sein. Dieser Tatbestand ist selbst dann zu bejahen, wenn keine Überschuldung oder drohende Zahlungsunfähigkeit vorliegen.

Ebenso ist eine Strafbarkeit des Insolvenzdelikts nach § 283 I Nr.5 und 7 StGB (Bankrott) im Falle einer Verletzung der Buchführungspflicht möglich. Ein Bankrott kann daher auch durch eine verspätete oder unterlassene Bilanzaufstellung entstehen. Ein tatsächlicher Zusammenhang von Rechnungswesenspflichten und dem wirtschaftlichen „KO" der GmbH muss natürlich vorhanden sein.[105] Bei Vorliegen beider Tatbestände ist die Buchführungspflichtverletzung nachrangig zum Bankrott und wird somit nur verwirklicht, wenn kein Bankrott vorliegt.

Weitere strafbare Verletzungen des Rechnungswesens können sich aus dem Bilanzstrafrecht gemäß den §§ 331 ff. HGB ergeben.[106]

2.4.1.1.11 Nichtausnutzung der Sanierungsmöglichkeit

Die Geschäftsleitung ist ggü. der GmbH verpflichtet, sämtliche Sanierungsmöglichkeiten auszunutzen. Im Falle der Nichtausnutzung kann ein Insolvenzantrag wegen drohender Zahlungsunfähigkeit eine Haftung nach § 43 II GmbHG auslösen. Der Geschäftsführer kann jedoch durch eingeholte Zustimmung der Gesellschafterversammlung der Haftung entgehen.[107]

---

[105] GmbHR 2002, 1030
[106] Rocco, Der GmbH-Geschäftsführer, S.368
[107] Gottwald, Insolvenzrechts-Handbuch, S.1199, 1260, Rn.130

2.4.1.2 Anstellungsvertrag

2.4.1.2.1 § 280 BGB i.V.m. dem Anstellungsvertrag

Der Anstellungsvertrag des Geschäftsführers regelt das Verhältnis zwischen ihm und der GmbH. D.h. dieser Anspruch wird ausgelöst, wenn Rechte oder Pflichten aus dem Anstellungsvertrag verletzt werden. Aus einer Verletzung der vertraglichen Pflichten ggü. den Gesellschaftern resultiert i.d.R. keine Haftung. Der Manager hat jedoch auf die Interessen und das Informationsbedürfnis der Gesellschafter Rücksicht zu nehmen, so dass auch die Gesellschafter ihre Rechte wahrnehmen können.[108] Eine ausdrückliche Haftung ggü. den berechtigten Gesellschaftern kommt hingegen dann in Betracht, wenn speziell im Anstellungsvertrag eine explizit benannte Pflichtverletzung geregelt ist. Eine solche Regelung darf nicht gegen Gesetz oder Satzung verstoßen bzw. den Geschäftsführer nicht zu treuwidrigem Verhalten anhalten oder gar anweisen, da dies die Unwirksamkeit zur Folge hätte.

2.4.1.2.2 SE-Recht aus vertragswidrigem Verhalten

Der Geschäftsführer kann durch diesen Anspruch gegen die GmbH gemäß § 628 II BGB einen Schadensersatz wegen vertragswidrigem Verhalten der GmbH verlangen, wenn er aufgrund des schuldhaften Fehlverhaltens den Anstellungsvertrag aus wichtigem Grund fristlos kündigt und das Amt niederlegt.[109] Eine dahingehende Klage wird Aussicht auf Erfolg haben, falls dem Geschäftsführer die weitere Tätigkeit unzumutbar ist. Begründet sich die Unzumutbarkeit durch einen Mitgeschäftsführer oder der Gesellschafterversammlung, so ist der GmbH das Verhalten nach § 31 BGB zuzurechnen.[110] Demnach ist wegen des entgangenen Verdienstes Schadensersatz zu leisten. Hierfür ist das volle Erfüllungsinteresse mit allen Haupt- und Nebenpflichten maßgebend (§§ 249 ff. BGB).[111]

2.4.2 Außenhaftung

Im Bereich der Außenhaftung besteht für den leitenden Manager eine „heikle" Verunsicherung, da die Haftungsvoraussetzungen durch die Gesetzeskasuistik nicht exakt an einem Schema bestimmt werden können.

---

[108] Krieger/Schneider, Managerhaftung, S.34, Rn. 63,64
[109] siehe unter: 2.6. Beendigung der Geschäftsführerstellung; Palandt, Bürgerliches Gesetzbuch, § 628, Rn.6
[110] BGH GmbHR 1992, 301, 303
[111] Palandt, Bürgerliches Gesetzbuch, § 628, Rn.8

Hinzu kommt die Verschärfung der Haftungsmaßstäbe durch die Rechtsprechung. In solchen Rechtsangelegenheiten entscheiden die Gerichte anhand des Einzelfalls.

2.4.2.2 Deliktische Haftung aus unerlaubter Handlung

Wie der Name schon sagt, wird hierfür die Haftung ein schuldhaftes und rechtswidriges Verhalten vorausgesetzt. Sonderregelungen trotz rechtmäßigem Verhalten bilden die Ausnahme.

2.4.2.1.1 § 823 I BGB als Generalklausel

Nach diesem Paragraphen haftet der Geschäftsführer, wenn das Leben, der Körper, die Freiheit, das Eigentum oder ein sonstiges Recht eines einzelnen durch das Tun (aktive Beiträge des Geschäftsführers) oder Unterlassen verletzt wird, und nicht nur für Vermögensschäden. Bezüglich des Unterlassens muss eine Handlungspflicht bestehen, um einen Anspruch auszulösen. Adressatin der Handlungspflicht ist die GmbH, aber der Geschäftsführer darf die Pflichten der GmbH nicht missachten, da sonst eine Innenhaftung in Betracht kommt. Der Geschäftsführer ist demnach Garant für die Einhaltung der Verkehrssicherungspflichten der Gesellschaft. Bei Nichteinhaltung dieser Pflicht entsteht eine persönliche Haftung gegenüber der außen stehenden Person. Ein besonderer Haftungstatbestand für den leitenden Manager ist dies nicht, jedoch haftet er persönlich, da er nicht von der GmbH die Freistellung der Schadensersatzpflicht verlangen kann. Durch den gegebenen Anspruch entsteht ein ersatzfähiger Schaden, der nach dem allgemeinen Schadensrecht gemäß §§ 249 ff. BGB zu ersetzen ist.

Demnach verwirklicht der Geschäftsführer den Deliktsanspruch, wenn er selbst handelt, aber auch dann, wenn er hinsichtlich der Organisations- oder Überwachungspflichten nichts oder zu wenig unternimmt, um eine Rechtsverletzung zu verhindern.[112]

Weiterhin haftet er bei Anweisung eines Dritten zu einer schädigenden Handlung sowie für Untätigkeit bei Kenntnis einer solchen Handlung eines Mitarbeiters nach §§ 823 I, 840 BGB.

---

[112] BGHZ 109, 297; Muschalle/Schultze, Die Haftung des Geschäftsführers, S. 98 ff.

2.4.2.1.2 § 823 II BGB i.V.m. einem Schutzgesetz

§ 823 II BGB findet nur Anwendung i.V.m. einer Dritte schützenden Norm. Weil die GmbH als juristische Person keiner Bestrafung unterliegt, wird über die Norm des § 14 I Nr.1 StGB auf den Geschäftsführer zurückgegriffen. Der Anwendungsbereich strafrechtlicher Haftungsvorschriften bzw. von Sonderdelikten wird durch § 14 I Nr.1 StGB auf den Geschäftsführer erstreckt.

Schutzgesetze, die der Geschäftsführer zu beachten hat, sind z.B.:

- § 246 StGB (Unterschlagung), nach dem der Geschäftsführer sich oder einem Dritten in Gewahrsam der Gesellschaft befindliche Gegenstände entgegen dem Einverständnis des Eigentümers zueignet.[113]

- § 263 StGB (Betrug), nach dem der Geschäftsführer einen anderen täuscht, dadurch bei diesem oder einem Dritten einen Vermögensschaden verursacht und folglich eine Bereicherung vorliegt.[114]

- § 264 StGB (Subventionsbetrug), nach dem der Geschäftsführer für unrichtige oder unvollständige Angaben im Subventionsverfahren haftet, sowie für das in Unkenntnis Lassen des Subventionsgebers über erhebliche Tatsachen, für Subventionsverwendungen entgegen der Verwendungsbeschränkung oder für den Gebrauch einer durch unrichtige oder unvollständige Angaben erlangte Bescheinigung über die Subventionsberechtigung.[115] Eine Subvention in diesem Sinne ist jede Leistung aus öffentlichen Mitteln, die zumindest teilweise ohne Gegenleistung gewährt wird und der Förderung der Wirtschaft dienen soll.[116] Nicht zuletzt müssen die Geschäftsführer des finnischen Handyherstellers Nokia vom zu schließenden Werk Bochum aufgrund eines möglichen Verstoßes gegen die Subventionsauflagen, in diesem Fall die Schaffung einer bestimmten Anzahl von Dauerarbeitsplätzen, sich mit dieser Haftung auseinandersetzen.

- § 266 StGB (Untreue), nach dem der Geschäftsführer seine Pflicht zur Betreuung fremder Vermögensinteressen verletzt.[117]

---

[113] Tröndle/Fischer, Strafgesetzbuch, § 246, Rn.1
[114] Tröndle/Fischer, Strafgesetzbuch, § 263, Rn.170
[115] Muschalle/Schultze, Die Haftung des Geschäftsführers, S.131; Tröndle/Fischer, Strafgesetzbuch, § 264, Rn.1 ff.
[116] Muschalle/Schultze, Die Haftung des Geschäftsführers, S.132
[117] Tröndle/Fischer, Strafgesetzbuch, § 266, Rn.2

Diesen Tatbestand kann der Geschäftsführer dadurch verwirklichen, indem er Zahlungen ohne Genehmigung aus dem Gesellschaftsvermögen zugunsten seines Privatvermögens veranlasst oder Vermögensbetreuungspflichten dritter Personen verletzt. Bei dieser Anspruchsgrundlage kann sowohl eine Innenhaftung im Verhältnis zur GmbH als auch Haftung nach außen erfolgen. Das Gesetz unterscheidet in zwei Varianten der Untreue, in Missbrauch und Treuebruch. Der Geschäftsführer erfüllt den Missbrauchstatbestand, wenn er für die GmbH im Rahmen seiner unbeschränkbaren Vertretungsmacht nach außen auftritt und seine eingeräumte Befugnis (formale Rechtsposition) missbraucht, indem er vorsätzlich für die Gesellschaft nachteilige Rechtsgeschäfte abschließt.[118] Der Treuebruchtatbestand wird hingegen relevant, wenn der Geschäftsführer fremde Vermögensinteressen wahrnimmt und diese zum Nachteil einer dritten Person verletzt. Dies ist der Fall, wenn er als Walter der Vermögensinteressen der GmbH dem Gesellschaftsvermögen vorsätzlich Schaden zufügt.[119] Die Untreue ist selbst dann zu beachten, wenn das Einverständnis oder die Weisung des Gesellschafters vorliegen. Daher ist die Untreue dann anzunehmen, wenn der Grundsatz der Kapitalerhaltung betroffen ist, also eine Unterbilanz entsteht oder vergrößert wird, oder wenn die Maßnahme existenz- oder liquiditätsgefährdend ist.[120]

Ein weiteres Schutzgesetz aus dem GmbHG bildet der § 82 GmbHG für vorsätzlich falsche Angaben. Dieser Paragraph umfasst die Strafbarkeit für falsche Versicherungen des Geschäftsführers hinsichtlich seiner Eignung,[121] bezüglich des Verschweigens eines Berufsverbots oder der Verurteilung einer Insolvenzstraftat und der Verschleierung der Vermögenslage der GmbH. Das Vorliegen des Tatbestandes indiziert ebenfalls einen Innenhaftungsanspruch gegen den Geschäftsführer aus § 43 GmbHG.

In Betracht kommen weiterhin zahlreiche andere Schutzgesetze, wie etwa Kapitalanlagebetrug (§ 264 a StGB), Versicherungsmissbrauch (§ 265 StGB), Kreditbetrug (§ 265 b StGB) oder Diebstahl (§ 242 StGB).

Natürlich gelten für den Geschäftsführer nicht nur die hier genannten zivilrechtlichen Anspruchsgrundlagen, sondern auch gleichzeitig die alleinigen strafrechtlichen Vorschriften.

---

[118] BGH GmbHR 2005, 544, 545
[119] Tröndle/Fischer, Strafgesetzbuch, § 266, Rn.28
[120] BGHSt 35, 333, 335 ff.; BGH wistra 1991, 107; BGH wistra 1995, 144
[121] siehe unter: 3.1.3. Relevanz der Geschäftsführereignung

2.4.2.1.3 § 826 BGB als Extremfall

Diese Vorschrift umfasst vorsätzliche und sittenwidrige Schädigungen, die kausal für einen materiellen Schaden sind. Der Geschäftsführer handelt in einem solchen Fall in Kenntnis, dass die GmbH zur Erfüllung der Geschäfte nicht mehr imstande oder diese zumindest vehement gefährdet ist. Das sittenwidrige Handeln ist nicht schon bei Verstoß vertraglicher oder gesetzlicher Pflichten gegeben, sondern erst, wenn das Verhalten besonders verwerflich (Abwägung zwischen verfolgtem Ziel und eingesetzten Mitteln) ist. Zudem muss der Geschäftsführer den Schaden zumindest billigend in Kauf nehmen, dies bedeutet, dass die Gefahr des Schadens erkannt, aber die beabsichtigte Tat trotzdem ausgeführt wird.[122]

2.4.2.1.4 Verjährungsfrist

Normalerweise bemisst sich die Verjährungsfrist nach den §§ 195, 199 BGB, jedoch besteht eine Ausnahme für den Geschäftsführer im Fall des Ablaufs der Verjährungsfrist gegen die GmbH. Diese Frist für den Geschäftsführer beginnt erst mit dem Schluss des Kalenderjahres, in dem der Anspruchsteller Kenntnis von anspruchsbegründenden Tatsachen erlangt oder hätte erlangen können.[123]

2.4.2.2 Vertrauenshaftung

Generell kann Dritten ggü. auch aus Vertrauen gehaftet werden. Eine Enttäuschung des Vertrauens wird als Diskrepanz zwischen tatsächlicher Sachlage und Erwartungshaltung des Anspruchstellers definiert. Es führt nicht jedes enttäuschte Vertrauen zu einem Anspruch.

Folgende Fallgruppen sind möglich:

2.4.2.2.1 Rechtsscheinhaftung

Jede Vertragspartei muss wissen, dass man sich mit einer GmbH einlässt. Die Bezeichnungspflicht nach § 4 GmbHG ist stets einzuhalten. Dies betrifft ebenso die Angaben auf den Geschäftsbriefen, § 35 a GmbHG. Hintergrund hierfür ist eine Warnung an die Parteien, dass niemand persönlich haftet. Bei Nichteinhaltung kann das Handelsregister nach § 79 I GmbHG Zwangsgelder von bis zu fünftausend Euro erzwingen. Haftungs-

---

[122] BGH NJW 2004, 446 ff.
[123] BGH ZIP 2001, 379

relevanz erfährt das Versäumnis des Geschäftsführers, in welcher Rechtsform die GmbH firmiert, genau dann, wenn eben diese Gesellschaft insolvent wird. Die persönliche Verantwortlichkeit ergibt sich aus der Rechtsscheinhaftung. Die Haftung besteht bei allen schriftlichen Äußerungen (Preislisten, Lieferschein, Bestellformulare, etc.) mit bestimmtem Empfänger. Eine Vertrauenshaftung bei mündlichen Erklärungen wird zunächst verneint. Eine Ausnahme bildet das Vorzeigen einer Visitenkarte ohne Firmenzusatz während mündlicher Verhandlungen oder die ausdrückliche Verneinung des Geschäftsführers über die Firmierung. Der Anspruchsteller kann den Geschäftsführer allein oder neben der GmbH in Anspruch nehmen. GmbH und Geschäftsführer haften als Gesamtschuldner.[124]

2.4.2.2.2 Verschuldenshaftung bei Vertragsverhandlung

Der Geschäftsführer wird auch im vorvertraglichen Stadium haftbar gemacht für die Verletzung von Sorgfalts-, Obhuts- und Aufklärungspflichten (§ 311 II BGB). Kommt es durch eine Pflichtverletzung zum Schaden des Vertragspartners, ist der Geschäftsführer zum Ersatz verpflichtet. Erfährt der Vertragspartner bei Geschäftsanbahnung besonderes Vertrauen durch den Manager, in Form von Sachkompetenz, verwandtschaftlicher oder persönlicher Beziehung oder intimen Beziehungen, haftet ihm der Geschäftsführer persönlich. Grund hierfür ist das erhöhte Vertrauen in die umfassende Aufklärung des Managers über etwaige Risiken.[125]

2.4.2.2.3 Sachwalterhaftung

Hat der Geschäftsführer die Stellung eines Sachwalters, so nimmt er kraft seiner Position oder Sachkunde eine besondere Vertrauensstellung ein.[126] Aus der besonderen Kompetenz obliegen ihm als Sachwalter gesteigerte Sorgfalts- und Aufklärungspflichten, da der angesprochene Personenkreis seine Entscheidungen von ihm und seinen Angaben abhängig macht bzw. beeinflussen lässt. Der Sachwalter wird bei Pflichtverletzung persönlich in Anspruch genommen.

---

[124] BGH GmbHR 1991, 360, 361
[125] BGHZ 126, 181
[126] BGHZ 56, 81, 84 ff.

2.4.2.2.4 Prospekthaftung

Weiterhin kann ein Anspruch aus der Prospekthaftung entstehen, wenn der Anleger den hinter dem Prospekt stehenden Personen ein besonderes Vertrauen entgegenbringt und dieses missbraucht wird. Es wird auf die Richtigkeit der Prospektangaben vertraut, da dies in der Regel für den Anleger die wichtigste Entscheidungsgrundlage ist.

2.4.2.3 Steuerhinterziehung

Der Steuerhinterzieher (§ 370 AO) oder der Steuerhehler (§ 374 AO) haftet gemäß § 71 AO für hinterzogene Steuern. Der Manager kann in diesem Tatbestand die Figur des Täters, Anstifters oder Gehilfen darstellen. Steuerhinterziehung begeht, wer der Behörde über steuerliche erhebliche Tatsachen unrichtige oder unvollständige Angaben macht (§ 370 I Nr.1 AO) und wer die Behörde pflichtwidrig in Unkenntnis lässt (§ 370 I Nr.2 AO). Nach der Legaldefinition des § 370 IV AO hat der Geschäftsführer die Steuern verkürzt, wenn diese nicht, nicht in voller Höhe oder nicht rechtzeitig festgesetzt werden. Der Haftungsumfang erstreckt sich auf die verkürzten Steuern, die zu Unrecht gewährten Steuervorteile sowie die Hinterziehungszinsen. Während die Frist für die Straftat binnen fünf Jahren verjährt, beläuft sich die Frist für hinterzogene Steuern auf zehn Jahre.

Im Rahmen seiner Steuererklärung kann der Manager die Beträge für die Steuerhinterziehung nicht geltend machen, da sie als Kosten der privaten Lebensführung nicht abzugsfähig sind.

2.4.2.4 Ordnungswidrigkeit

In der Regel ist der Normadressat im Ordnungswidrigkeitenrecht der Inhaber des Betriebs. Die GmbH kann aber als juristische Person keine Ordnungswidrigkeiten begehen. Wie § 14 I Nr.1 StGB für Strafvorschriften normiert der § 9 OWiG für Ordnungswidrigkeiten die Verantwortung des Geschäftsführers. Tatbestand i.V.m. § 9 OWiG kann z.B. die Verletzung der Aufsichtspflicht in Betrieben und Unternehmen (§130 OWIG) sein, wodurch Geschäftsführer bußgeldpflichtig werden können. Eine Ausnahme bildet die Verbandsstrafe (§ 30 OWiG), wonach der Grundsatz durchbrochen wird, dass nur Menschen wegen einer Straftat oder Ordnungswidrigkeit zur Verantwortung gezogen werden. Eine Verletzung kann in Form einer Aufsichtspflicht oder einer sonstigen betriebsbezogenen Pflicht bestehen. Aufgrund des Verbots der doppelten Ahndung (Art. 103 III GG) ist zu berücksichtigen, inwieweit der Geschäftsführer bereits zur Verantwortung gezogen werden kann oder soll.

2.4.3 Insolvenzhaftungstatbestände

Gerade in der Zeit der Insolvenz können dem Geschäftsführer zusätzlich erhebliche haftungsrechtliche Gefahren, zivil- oder strafrechtlicher Art, entgegenstehen. Der Geschäftsführer hat sich vor der Situation der weiteren Verschlechterung zu entscheiden, ob er das Risiko haftungs- bzw. vermögensrechtliche Konsequenzen eingeht oder sein Amt niederlegt. Die Handelsregister achten speziell darauf, dass die Amtsniederlegung nicht zur Unzeit erfolgt, d.h. dass er sich nicht bewusst seiner Verpflichtung entziehen darf. Potenzielle Risiken, die bei Stellung des Insolvenzantrags bei Zahlungsunfähigkeit, Auszahlungen nach Insolvenzreife, Begleichung von Steuerschulden, Abführung von Sozialversicherungsbeiträgen, durchaus auftreten können, sind vom Geschäftsführer zu bewältigen. Der Geschäftsführer bleibt weiterhin bei Eröffnung des Insolvenzverfahrens in seinem Amt, da er nicht automatisch verlustig wird. Jedoch werden die Geschäfte vom Insolvenzverwalter ausgeübt, so auch die Haftungsansprüche.

2.4.3.1 Insolvenzverschleppung

Die Insolvenzantragspflicht bleibt weiterhin auch nach dem MoMiG Aufgabe des Geschäftsführers, die gesetzliche Regelung verlagert sich aus dem Gesellschaftsrecht (§ 64 I GmbHG) in das Insolvenzrecht (§ 15 a InsO). Mit dieser Novelle ist der Gesetzgeber bestrebt, alle in Deutschland tätigen und dem deutschen Insolvenzrecht unterliegenden Gesellschaften nunmehr gleich zu behandeln. § 15 a InsO entspricht grundsätzlich den ehemaligen Regelungen aus § 64 I GmbHG, § 92 II AktG, § 99 GenG und § 130 a I HGB. Diese werden nun in § 15 a InsO vereinheitlicht. In die Regelung wird der Verein nicht einbezogen.

Der Geschäftsführer hat bei Zahlungsunfähigkeit oder bei Überschuldung der GmbH ohne schuldhaftes Zögern, spätestens aber drei Wochen nach Eintritt der Zahlungsunfähigkeit oder bei Überschuldung Insolvenzantrag zu stellen. Haftungs- und strafrechtliche Konsequenzen löst der Geschäftsführer aus, wenn er die Insolvenzantragspflicht verschleppt bzw. es versäumt, rechtzeitig die Eröffnung des Insolvenzverfahrens zu beantragen. Die Anspruchsgrundlage der Haftung gegen den Manager ist § 823 II BGB i.V.m. § 15 a I InsO. Das Strafmaß ergibt sich aus § 15a IV, V InsO. Die Eröffnungsgründe, die die Insolvenzreifen kennzeichnen, sind die Zahlungsunfähigkeit, nach der die Gesellschaft voraussichtlich dauernd und nicht nur vorübergehend außerstande ist, ihre fälligen Verbindlichkeiten zu begleichen, und die Überschuldung, die mittels Überschuldungsbilanz erkannt wird, also das Aktivvermögen nicht mehr die Schulden deckt. Ebenso hat der Geschäftsführer die Möglichkeit, schon bei drohender Zahlungsunfähigkeit das Insolvenzverfahren einzuleiten, um auf Grundlage eines Insolvenzplans eine Sanierung zu ermöglichen. Des Weiteren dient diese Regelung dem Gläubigerschutz, also der Vorbeugung der Massearmut und der Absicherung einer höheren Verteilungsquote. Besondere Aufmerksamkeit hat der Manager dem Zeitpunkt der Antragstellung zu widmen. Aufgrund seiner Stellung als Leitungsorgan hat er nicht nur die öffentlich-rechtliche Verpflichtung zur rechtzeitigen Stellung, sondern auch gleichzeitig ggü. der GmbH die Pflicht zur Ausschöpfung der Sanierungschancen. Gemäß Gesetzeswortlaut hat er ohne schuldhaftes Zögern, aber spätestens nach drei Wochen den Antrag zu stellen. Er darf den Antrag nicht verfrüht stellen, da sonst der Zeitpunkt zur Unzeit deklariert wird und eine Haftung aus § 43 GmbHG auslöst.[127] Mit positiver Kenntnis der Insolvenzreife bzw. objektiver Zahlungsunfähigkeit oder Überschuldung beginnt spätestens die Drei-Wochenfrist der Beantragung. Die Frist ermöglicht daher auch dem Unternehmen Sanierungsversuche. Die Drei-Wochenfrist darf aber nicht böswillig ausgenutzt werden. Die GmbH hat sich um eine Sanierung zu bemühen, sollte die Möglichkeit dazu gegeben sein.[128] Die Drei-Wochenfrist zur Eröffnung des Insolvenzverfahrens ist eine absolute Höchstfrist, die auch nicht durch versuchte Sanierungsverhandlungen verlängert werden kann, wie vielfach irrtümlich angenommen.

Eine weitere Voraussetzung des Anspruchs ist die Schuld, also das fahrlässige Verhalten des Managers. Im Falle eines Mitgeschäftsführers wird dieser bei einer internen Ressortaufteilung von seiner Verantwortlichkeit nicht entlastet (Prinzip der Gesamtverantwortung). Die Schuld kann jedoch entfallen, wenn der Mitgeschäftsführer die Buchhaltung manipuliert oder den Steuerberater fehlerhaft informiert oder zu Unrecht eine Rückstellung nicht bildet, die einen Antrag begründet.

Nach der Beweislastverteilung hat der Gläubiger die objektiven Voraussetzungen der Insolvenzantragspflicht zu beweisen. Daraufhin hat der Geschäftsführer die Möglichkeit der Gegendarstellung. Dies wird jedoch meist nur der Fall sein, wenn aufgrund nicht berücksichtigter stiller Reserven die Bewertung der Überschuldungsbilanz fehlerhaft ist.[129]

Ist der Anspruch gegeben, so werden von dem Schutzbereich sämtliche Gläubiger erfasst, die bis zur Eröffnung des Insolvenzverfahrens ihre

---

[127] Meyke, Die Haftung des GmbH-Geschäftsführers, Rn. 103
[128] Krieger/Schneider, Managerhaftung, S.776, Rn.50
[129] Rocco, Der GmbH-Geschäftsführer, S.322

Gläubigerstellung erlangt haben. Gläubiger können Altgläubiger, die bereits zum Zeitpunkt der möglichen Antragstellung einen Forderungsanspruch gegen die Gesellschaft hatten, und Neugläubiger, die nach Eintritt der Insolvenzreife forderungsberechtigt sind, sein. Die Altgläubiger können einen Quotenschaden geltend machen, wenn durch die Verzögerung die Insolvenzmasse geschmälert wurde. Dieser Schaden ergibt sich aus der Differenz zwischen dem Masseerlös bei rechtzeitiger Beantragung und dem Betrag, den sie aufgrund der verspäteten Einleitung des Insolvenzverfahrens erhalten. Die Neugläubiger können das volle sog. negative Interesse verlangen.[130] Sie werden also so gestellt, als wäre das Geschäft nie zustande gekommen, da sie darauf vertrauen dürfen, dass die gesetzlichen Pflichten zur rechtzeitigen Einleitung des Insolvenzverfahrens eingehalten werden. Weiterhin kann der Gläubiger aufgrund der Rentabilitätsvermutung durchaus den entgangenen Gewinn geltend machen. Hier obläge es dann dem Geschäftsführer zu beweisen, dass der Gläubiger anderweitig keinen Gewinn erzielt hätte.[131] Ansprüche des Finanzamtes wegen rückständiger Steuern und der Sozialversicherungsträger, die kraft Gesetzes entstehen, dürfen unabhängig vom Zeitpunkt ihrer Entstehung nur auf den Quotenschaden gerichtet sein.[132]

Ansprüche auf Quotenschäden werden vom Insolvenzverwalter und eben nicht von den Gläubigern durchgesetzt (§ 92 InsO); außer bei Ablehnung der Eröffnung mangels Masse ist der Gläubiger selbst zur Geltendmachung berechtigt. Bei Individualschäden kann nur der Neugläubiger selbst den Schaden beziffern, wodurch er persönlich den Anspruch durchsetzt, ungeachtet ob es zur Verfahrenseröffnung kommt oder nicht.

Die Insolvenzantragspflicht besteht auch für den Geschäftsführer in der Zeit der Liquidation (§ 71 IV GmbHG). Als Liquidator trifft ihn somit bei Auftreten eines Insolvenzgrundes diese Antragspflicht.

2.4.3.2 Insolvenzverschleppung als Sonderdelikt

Unterlässt der Geschäftsführer einen Insolvenzantrag, macht er sich gemäß § 84 I GmbHG strafbar. Gegen dieses echte Unterlassungsdelikt, begründet bei bloßer Untätigkeit, kann nur der Geschäftsführer bzw. Liquidator verstoßen. Hier gelten dieselben Voraussetzungen wie bei der Insolvenzverschleppung nach § 15 a InsO. Folglich gelten auch hier die Kapitalvorschriften sowie die Einberufung der Gesellschafterversammlung

---

[130] BGH NJW 1994, 2220, 2222
[131] GmbHR 2000, 31
[132] GmbHR 1999, 715; ZIP 2000, 198, 199

nach § 49 III GmbHG. Nach dem Wortlaut des § 84 I GmbHG ist nur ggü. allen Gesellschaftern die Anzeige abzugeben. Der Manager entgeht daher der Strafbarkeit, wenn er keine Gesellschafterversammlung einberuft, aber die Anzeige vornimmt.

2.4.3.3 Zahlungsverbot wegen Masseschmälerung

Die Haftung wegen Masseschmälerung ist weiterhin in § 64 GmbHG geregelt. Danach ist der Geschäftsführer zum Ersatz von Zahlungen verpflichtet, die nach Eintritt der Zahlungsunfähigkeit der GmbH oder nach Feststellung ihrer Überschuldung geleistet werden. Keine Ersatzpflicht besteht, wenn der Geschäftsführer selbst zu diesem Zeitpunkt die Sorgfalt eines ordentlichen Geschäftsmannes gewahrt hat, wobei im Streitfall eine große Unsicherheit vorherrscht, da das Geschäftsführungsorgan dieses Verhalten darzulegen und zu beweisen hat.[133] Eine weitere Ausnahme bildet der Aktivtausch, bei dem Vermögensstände angeschafft werden, die in der Insolvenz exakt den Wert haben, der für sie zum Zeitpunkt der Anschaffung bezahlt wurde. Die gleiche Verpflichtung trifft die Geschäftsführer für Zahlungen an Gesellschafter, soweit diese zur Zahlungsunfähigkeit der Gesellschaft führen mussten, es sei denn, dies war auch bei Beachtung der im obigen Satz bezeichneten Sorgfalt nicht erkennbar. Unter Zahlungen sind sämtliche Vorgänge zu verstehen, die zum Abfluss von Werten führen und damit die Insolvenzmasse mindern. Sinn und Zweck dieses Paragraphen ist, dass das Vermögen der Gesellschaft in der Zeit zwischen dem Eintritt der Insolvenzreife und dem Verlust der Verfügungsbefugnis des Geschäftsführers wegen der Eröffnung des Insolvenzverfahrens nicht verringert wird.[134] Diese Vorschrift ist ebenso anzuwenden, wenn das Insolvenzverfahren mangels Masse nicht eröffnet wird. Kommt es nicht zur Eröffnung, so haben die Gläubiger im Rahmen der gegen die Gesellschaft betriebenen Zwangsvollstreckung den Anspruch zu pfänden und sich zu überweisen lassen.[135] Die Regelung dient zur Befriedigung der Gesamtheit der Gläubiger (Gläubigerschutz). Anspruchsberechtigt ist jedoch die Gesellschaft, vertreten durch den Insolvenzverwalter, der den Anspruch der Gläubiger gebündelt durchsetzt. Der Schaden, den die Gläubiger zwischen Insolvenzreife und Insolvenzantrag erfahren haben, wird durch Zahlung in das Gesellschaftsvermögen unter Berücksichtigung der Insolvenzquote an die Gläubiger verteilt und dadurch kompensiert. Grundsätzlich sind die Gläubiger so zu stellen wie

---

[133] BGH NJW 1974, 1088, 1089; Baumbach/Hueck, GmbH-Gesetz, § 64, Rn.83
[134] Rocco, Der GmbH-Geschäftsführer, S.326
[135] BGH ZIP 2000, 1897

wenn die Auszahlung nie stattgefunden hätte. Bei Verteilung der Insolvenzmasse würde der ausbezahlte Betrag zur Verfügung stehen. Der Geschäftsführer kann nicht geltend machen, er müsse nur anteilig in Höhe des Ausfalls haften. Er hat vielmehr die Auszahlungen ungekürzt in die Masse zu leisten. Sein Gegenanspruch richtet sich nach Rang und Höhe des Betrags, den der begünstigte Gesellschaftsgläubiger im Insolvenzverfahren erhalten hätte.[136] Um den Haftungsumfang im Vorfeld zu reduzieren, empfiehlt es sich für Manager ab dem Eintritt der Insolvenzantragsreife, die Geschäftstätigkeit innerhalb der Drei-Wochenfrist auf ein notwendiges Minimum herunterzufahren. Allerdings steht diese Maßnahme im krassen Missverhältnis zu den gleichzeitig laufenden Sanierungsbemühungen. Der Erhalt der Sanierungschancen lässt leider das Haftungsrisiko nach § 64 GmbHG nicht entfallen. Bei Scheitern der Sanierung kann der Manager nur noch auf die Chance einer gütlichen Einigung mit dem späteren Insolvenzverwalter hoffen.

Die Verjährung des Anspruchs aus § 64 GmbHG richtet sich nach § 43 IV GmbHG, der eine Frist von fünf Jahren einräumt.

2.4.3.4 Insolvenzhaftung durch die Generalklausel

Speziell in den Zeiten einer Insolvenz ist der Geschäftsführer der Haftung aus § 43 II GmbHG ausgesetzt.[137] Dies kann der Fall sein, wenn er die Geltendmachung von Ansprüchen der Gesellschaft versäumt, Missmanagement betreibt (Insolvenzverursachungshaftung), eine aufgrund fehlender Liquiditätskontrolle aufwendige Sanierungsstrategie verursacht und strategische Fehler nach erkannter Sanierungsbedürftigkeit begeht.[138]

2.4.3.5 Eigenkapitalersetzende Sicherheiten

Macht ein Kreditgeber seinen durch den Gesellschafter gesicherten Rückforderungsanspruch gegen die GmbH in der Krise geltend, so trägt der Geschäftsführer die Verantwortung, diesen Anspruch ausschließlich aus den Sicherheiten des eben genannten Gesellschafters zu befriedigen. Falls der Manager entgegen dieser Pflicht den Rückforderungsanspruch des Kreditgebers aus dem Gesellschaftsvermögen befriedigt, so steht diese Leistung rechtlich und wirtschaftlich einer Rückzahlung eines ei-

---

[136] BGHZ 146, 264, 278 ff.
[137] siehe unter: 2.5.1.1. § 43 GmbHG als Generalklausel
[138] Schmidt/Uhlenbruck, Die GmbH in Krise, Sanierung und Insolvenz, S.310, Rn.686

genkapitalersetzenden Darlehens an den Gesellschafter gleich, dies mit der Folge der Haftung des Managers aus § 43 I, III GmbHG.[139]

2.4.3.6 Insolvenzgeldmanipulation

Die Vorfinanzierung von Insolvenzgeld darf nicht missbräuchlich in Anspruch genommen werden. Das Insolvenzgeld, das zur Sanierung dient, kann durch vorläufige Insolvenzverwalter, Anteilseigner, Gläubigerbanken und Betriebsübernehmer vorfinanziert werden.

Zu der Insolvenzgeldmanipulation zählt auch die Gläubigerbegünstigung i.S.d. § 283 c StGB. Hierbei erwirbt die Bank die Lohnforderungen der Arbeitnehmer und zahlt selbst im Vorfeld zur Sanierung die Nettolöhne an jene aus. Dieser Vorgang darf keinesfalls dazu missbraucht werden, um die Eröffnung des Insolvenzverfahrens hinauszuzögern. Die dadurch resultierenden Gewinne aus der Unternehmensweiterführung dürfen nicht ganz oder teilweise zur Bankkredittilgung missbraucht werden.

Rückwirkende Gehaltserhöhungen, Anstellungen neuer Geschäftsführer und die Einstufung von Gesellschaftern als Arbeitnehmer fallen auch unter diesen Gesichtspunkt.

Abschließend dient das Finanzierungsinstrument nur zur Ermöglichung der nachhaltigen Sanierung und nicht zur Insolvenzverschleppung.[140]

2.4.3.7 Insolvenzdelikte

Für den Geschäftsführer sind die Insolvenzdelikte gemäß §§ 283 bis 283 d StGB von besonderer Bedeutung, da er nach § 6 II GmbHG bei rechtskräftiger Verurteilung für die Dauer von fünf Jahren nicht mehr das Amt des Geschäftsführers einer GmbH ausüben darf. Strafrechtlich wird auch hier der Geschäftsführer über § 14 I Nr.1 StGB zur Verantwortung gezogen. Es werden demnach bestimmte Handlungen von Schuldner und Gläubiger unter Strafe gestellt, damit die ordnungsgemäße Durchführung des Insolvenzverfahrens gewährleistet ist.

Eine Haftung nach § 283 StGB wegen Bankrotts setzt eine Krise voraus, d.h. es müsste eine Überschuldung, Zahlungsunfähigkeit oder drohende Zahlungsunfähigkeit vorliegen. Der Bankrott kann nur durch eine Bankrotthandlung des Geschäftsführers hervorgerufen werden.[141] In § 283 I Nr.1 bis 8 StGB werden die Handlungen benannt, wie in Nr.1 das Beiseite-

---

[139] Muschalle/Schultze, Die Haftung des Geschäftsführers, S.224
[140] Schmidt/Uhlenbruck, Die GmbH in Krise, Sanierung und Insolvenz,S.322,Rn.707 ff.
[141] BGHZ 30, 127, 130

schaffen von Vermögensgegenständen, in Nr.2 die Verlust- und Spekulationsgeschäfte, in Nr.3 auf Kredit angeschaffte Vermögensgegenstände und Verkauf bzw. Abgabe unter Wert, in Nr.4 die erdichtete Anerkennung oder Vortäuschung Rechte Dritter, in Nr.5, 6, 7 und 8 die Verletzungen des Rechnungswesens und sonstiger wirtschaftlicher Verhältnisse. Alleine schon durch die in Absatz I benannten Handlungen wird der Tatbestand herbeigeführt. Es reicht daher schon grobe Fahrlässigkeit aus. Ein besonders schwerer Fall des Bankrotts ist gegeben, wenn der Geschäftsführer aus Gewinnsucht handelt oder wissentlich viele Personen in die Gefahr des Verlustes ihrer ihm anvertrauten Vermögenswerte oder in wirtschaftliche Not bringt (§ 283 a StGB).

Der Tatbestand des § 283 c StGB liegt hingegen vor, wenn der Manager dem Gläubiger bei Kenntnis der Zahlungsunfähigkeit eine Begünstigung in Form einer Sicherheit oder Befriedigung ggü. den übrigen Gläubigern gewährt.[142] Erfüllt der Manager vor Fälligkeit Ansprüche, also zum Zeitpunkt indem der Gläubiger den Vorteil der Begünstigung nicht beanspruchen kann (Inkongruente Deckung), so ist darin bereits eine Begünstigung zu sehen.[143]

Die Schuldnerbegünstigung nach § 283 d StGB ist gegeben, wenn die GmbH als Schuldnerin begünstigt wird, d.h. ein außenstehender Dritter vorsätzlich das Gesellschaftsvermögen, das eigentlich in die Insolvenzmasse fällt, verheimlicht oder beiseiteschafft bzw. eine Bankrotthandlung vorgenommen wird. Der Manager ist bei einem möglichen Haftungsanspruch Anstifter oder Gehilfe, da er bei eigener Handlung ansonsten den Tatbestand des Bankrotts erfüllt.

2.4.3.8 Schadensersatz bei Kündigung

Der Insolvenzverwalter und der Geschäftsführer können im Insolvenzverfahren ohne Rücksicht auf eine vereinbarte Vertragsdauer oder einen vereinbarten Ausschluss des Rechts zur ordentlichen Kündigung das Dienstverhältnis beenden. Dabei ist eine Kündigungsfrist von drei Monaten zum Monatsende zu wahren, wenn nicht eine kürzere vertragliche oder gesetzliche Frist maßgeblich ist. Bei vorzeitiger Beendigung dieses Dienstverhältnisses durch den Insolvenzverwalter steht dem Geschäftsführer aus § 113 InsO ein Schadensersatzanspruch zu.

---

[142] siehe unter: 2.5.3.6. Insolvenzgeldmanipulation
[143] Rocco, Der GmbH-Geschäftsführer, S.366

2.4.3.9 Steuerrecht

Der Geschäftsführer ist Adressat für die Haftung von Abgabenschulden (§ 69 AO i.V.m. §§ 34, 35 AO). Haftungsschuldner ist demnach der nominell bestellte Geschäftsführer der GmbH (§§ 34, 69 AO). Die Steuern fallen im laufenden Geschäftsbetrieb unabhängig von der Krise an und werden häufig in dieser kritischen Phase nicht abgeführt. Eine Haftung kann daher nicht nur in der Krise, sondern auch generell stattfinden. In der Krise, in der die Liquidität nicht mehr ausreicht, um sämtliche Verbindlichkeiten der GmbH zu begleichen, ist das Finanzamt ggü. den übrigen Gläubigern privilegiert, da ihm grundsätzlich neben der Gesellschaft auch der Geschäftsführer als zusätzlicher Haftungsschuldner zur Verfügung steht.[144] Das Finanzamt ist nicht auf einen Prozess angewiesen, da es durch Vornahme eines Verwaltungsaktes in Form eines Haftungsbescheids sofort vollstrecken kann, wenn die Schuld nicht durch Geld beglichen werden kann. Aus dem Grundsatz der Subsidiarität folgt, dass die Haftung des Geschäftsführers für Steuerschulden meist nur in der Krise relevant wird, wenn die Vollstreckung in das Gesellschaftsvermögen der GmbH aussichtslos ist (§ 219 AO). Diese steuerliche Haftung des Managers wird jedoch durch die Bestellung eines vorläufigen Insolvenzverwalters beendet. Steueransprüche für Zeiträume vor Eröffnung des Insolvenzverfahrens sind Insolvenzforderungen, wodurch das Finanzamt zum Insolvenzgläubiger nach § 38 InsO und durch die Insolvenzquote bedient wird.

Die generelle persönliche Haftung entsteht, wenn Ansprüche aus dem Steuerschuldverhältnis nicht oder nicht rechtzeitig festgesetzt oder erfüllt bzw. Steuervergütungen oder Erstattungen rechtsgrundlos gewährt worden sind, die zu einem Schaden für den Steuergläubiger führen. Der gesetzliche Vertreter der GmbH haftet bei schuldhafter Verletzung der steuerlichen Pflichten, d.h. bei grober Fahrlässigkeit oder Vorsatz. Meist indiziert schon die Pflichtverletzung das Verschulden des Haftungsschuldners.[145] Wird ein Mitarbeiter der GmbH mit der Erledigung der steuerlichen Pflichten beauftragt, ist ein Verschulden nur dann gegeben, wenn dem Geschäftsführer ein Auswahl- oder Überwachungsverschulden vorgeworfen werden kann. Dies betrifft auch die Beauftragung eines Steuerberaters. Das Arguments, der Geschäftsführer wäre nicht verantwortlich, weil er nur ein Strohmann sei, ist unerheblich. Wer zum Geschäftsführer bestellt wurde, ist auch Geschäftsführer. Er kann sich nicht damit exkulpieren, dass er nur pro forma im Handelsregister eingetragen ist. Auch der nur vorgeschobene Strohmann haftet deshalb als echter Ge-

---

[144] Rocco, Der GmbH-Geschäftsführer, S.332
[145] BFH, BStBl 2003, S.556

schäftsführer.[146] Dies gilt für jeden Verantwortungsbereich des Managers der GmbH und nicht nur speziell für das Steuerrecht.

Findet der Nachfolgegeschäftsführer Steuerschulden vor, ist er verpflichtet, diese unter Beachtung des Grundsatzes der anteiligen Tilgung an das Finanzamt zu zahlen. Reichen die Zahlungsmittel also nicht aus, so ist der Geschäftsführer verpflichtet, alle Gläubiger der GmbH im gleichen Umfang zu befriedigen (Grundsatz der anteiligen Tilgung). Werden andere Gläubiger bevorzugt befriedigt, so haftet der Geschäftsführer für die sich daraus ergebende Benachteiligung des Finanzamts.[147]

Der Zeitraum zwischen Annahme der Bestellung als Geschäftsführer und der Niederlegung des Geschäftsführeramtes oder Entlassung umfasst die zeitliche Beschränkung der Haftung. Die Haftung umfasst nicht nur Steuerschulden der GmbH, sondern auch die sonstigen Abgabenforderungen des Finanzamtes gegen die Gesellschaft (insbesondere Säumniszuschläge, Verspätungszuschläge, Zinsen, Zwangsgelder sowie sonstige Kosten). Solche Pflichtverletzungen können aus der Führung von Büchern, nicht rechtzeitiger Abgabe der Steuererklärung sowie Nichtentrichtung der Steuern, der falschen Auskunftserteilung und dem Einbehalt der Steuern für Rechnungen eines Dritten und die Verpflichtung, diese an das Finanzamt abzuführen, resultieren.[148]

Den besonderen Anforderungen in Bezug auf die Lohnsteuer, bei der nicht der Grundsatz der anteiligen Tilgung gilt, hat der Geschäftsführer Folge zu leisten. Lohnsteuerschulden sind vorrangig im Verhältnis zu den Nettolöhnen. Die Nettolöhne sind anteilig zu kürzen, um eine Abführung der Lohnsteuer sicherzustellen, wenn nicht ausreichende Mittel vorhanden sind. Ein für die Haftung erforderliches Verschulden ist bei einem unvorhergesehenen Zahlungsengpass, wodurch der Manager die Nettolöhne nicht rechtzeitig anpassen konnte, nicht gegeben.

Der Manager, der vom Finanzamt nach § 69 AO in Anspruch genommen wurde, kann die Beträge wenigstens als Werbungskosten in seiner Steuererklärung geltend machen.[149]

---

[146] Muschalle/Schultze, Die Haftung des Geschäftsführers, S.83
[147] NWB 2007, S.4053 ff.
[148] Muschalle/Schultze, Die Haftung des Geschäftsführers, S.189
[149] DStR 1992, 1725

2.4.3.10 Arbeits- und Sozialversicherungsrecht

Der Geschäftsführer hat Treuhandfunktion bezüglich des Arbeitnehmeranteils. Er steht also in der Pflicht, bei Fälligkeit die Sozialversicherungsbeiträge an die zuständigen Sozialversicherungsträger nach § 28e I SGB IV abzuführen. Speziell in der Krise ist die fällige Abführung der Beiträge oftmals mit Schwierigkeiten verbunden, insbesondere für die Arbeitgeber- als auch die Arbeitnehmeranteile zur Sozialversicherung. Eine Haftung des Managers kann sich aus der Versäumnis zur Abführung bzw. dem Vorenthalten der Arbeitnehmerbeiträge ergeben. Diese Strafbarkeit ist normiert in § 266 a StGB, der ebenfalls ein Schutzgesetz i.S.d. § 823 II BGB darstellt. Auf den Geschäftsführer wird auch hier mittels § 14 I Nr.1 StGB durchgegriffen.[150] Die zivilrechtliche Haftung gemäß § 823 II BGB i.V.m. § 266 a I StGB setzt die Erfüllung des Straftatbestands voraus. Bei einer zivilrechtlichen Haftung hat die Einzugsstelle nicht die Möglichkeit eines Verwaltungsaktes (Haftungsbescheid) wie bei Steuerschulden das Finanzamt.

Die Voraussetzung des § 266 a I StGB der Fälligkeit entfällt, sobald mit der Einzugsstelle eine Stundung vereinbart wurde. Ist jedoch keine Vereinbarung getroffen, so sind spätestens am 15. des Folgemonats die Beiträge fällig. Das Vorenthalten ist bereits verwirklicht, wenn zum Fälligkeitszeitpunkt die Beiträge nicht abgeführt wurden.[151] Eine zivilrechtliche Haftung entfällt, wenn trotz Überschreitung des Fälligkeitszeitpunkts noch gezahlt wird, da kein Schaden mehr gegeben ist. Jedoch besteht weiterhin die Strafbarkeit.[152] Der Geschäftsführer muss, um dieses echte Unterlassungsdelikt zu verwirklichen, auch tatsächlich sowie rechtlich die Möglichkeit und Fähigkeit besessen haben, Sozialversicherungsbeiträge abzuführen. Ist er außerstande, der geforderten Handlungspflicht nachzukommen, stehen also dem Geschäftsführer die Mittel nicht mehr zur Verfügung, würde es an der Tatbestandsverwirklichung fehlen. Jedoch ist strafbar, wer zwar zum Fälligkeitszeitpunkt nicht leistungsfähig war, es aber bei Anzeichen von Liquiditätsproblemen unterlassen hat, Sicherungsvorkehrungen für die Zahlung der Arbeitnehmerbeiträge zu treffen, und dabei billigend in Kauf genommen hat, dass diese später nicht mehr erbracht werden können.[153] Des Weiteren müsste er, um den Tatbestand zu bejahen, die eigentlich vorgeschriebene Handlung bewusst und gewollt unterlassen haben. Bei der zivilrechtlichen Haftung muss ein durch

---

[150] siehe unter: 2.5.2.1.2. § 823 II BGB i.V.m. einem Schutzgesetz
[151] BGH ZIP 1997, 412
[152] Rocco, Der GmbH-Geschäftsführer, S.348
[153] Krieger/Schneider, Managerhaftung, S.782, Rn. 66; BGH ZIP 2007, 542, 543

die Verletzung des Schutzgesetzes entstandener Schaden bei der Einzugsstelle vorhanden sein. Solange also noch Beträge ausstehen und nicht gezahlt wurden, die aber selbst nach Fälligkeit möglich wären, besteht eine zivilrechtliche Haftung.

Sinn und Zweck dieser Vorschrift ist die Bestrafung des Geschäftsführers wie ein Arbeitgeber, um den Schutz der Solidargemeinschaft der Versicherten zu sichern, sowie die Bekämpfung von Schwarzarbeit. Ebenso soll das Aufkommen der Sozialversicherungsträger und der Bundesagentur für Arbeit gewährleistet sein.

Der Amtsnachfolger ist für Verstöße gegen § 266 a StGB, die vor seiner Bestellung begangen wurden, nicht haftbar. Bei rechtskräftiger Verurteilung nach § 266 a I, III oder IV StGB zu einer Freiheitsstrafe von mehr als drei Monaten oder Geldstrafe von mehr als neunzig Tagessätzen kann gemäß § 5 SchwarzArbG der Ausschluss der betreffenden Gesellschaft von öffentlichen Aufträgen erfolgen. Es erfolgt eine Verurteilung des Geschäftsführers nach § 266 a I StGB auch selbst dann, wenn die Gesellschaft nicht mehr im Stande ist, Nettogehälter auszuzahlen.[154] Das Vorenthalten dieser Abgaben setzt somit eine tatsächliche Ausbezahlung von Löhnen nicht voraus (Lohnpflichttheorie). Weitere Voraussetzungen verlangt der § 266 a II StGB für vorenthaltene Arbeitgeberbeiträge, wie etwa unrichtige oder unvollständige Angaben über sozialversicherungsrechtliche erhebliche Tatsachen oder die pflichtwidrige Unterlassung der Inkenntnissetzung der zuständigen Stelle. Eine Arbeitsentgeltentrichtung ist auch hier nicht maßgeblich.[155] Zum derzeitigen Standpunkt ist Absatz II jedoch im Gegensatz zu Absatz I noch kein Schutzgesetz.

Eine Restschuldbefreiung des Geschäftsführers im Insolvenzverfahren für Schulden aus vorsätzlich begangenen unerlaubten Handlungen gemäß den §§ 823 ff. BGB existiert nicht (§ 302 Nr.1 InsO). Jedoch kann der Manager die Beträge, die er aufgrund des Schadensersatzanspruchs zahlen muss, in seiner Steuererklärung als Werbungskosten geltend machen.

In der Krisenzeit sind die Sozialversicherungsbeiträge für den Manager hinsichtlich der Insolvenzreife ein besonderes Thema. Stellt der Manager keinen Insolvenzantrag und beruft sich trotzdem auf das Auszahlungsverbot, so entgeht er der Strafbarkeit und einer Haftung wegen nicht abgeführten Sozialversicherungsbeiträgen, setzt sich aber der Bestrafung in Gestalt der Insolvenzverschleppung nach § 84 GmbHG und dem darüber hinaus zivilrechtlich entstandenen Schaden nach § 823 II BGB i.V.m. § 15 a

---

[154] BGH ZInsO 2001, 124; NZI 2002, 454
[155] Rocco, Der GmbH-Geschäftsführer, S.346

InsO aus. Nachteile, wie die Haftung ggü. allen Gläubigern und nicht nur ggü. der Einzugsstelle sowie die Haftung bereits bei Fahrlässigkeit, wären die Folge.

2.4.4 Haftungsminimierung und Ausschluss

Die Minimierung der persönlichen Haftung bzw. der Ausschluss können durch Vereinbarungen, wonach der Geschäftsführer nicht für jedes Verschulden haftet (Modifikation des Pflichten- und Sorgfaltsmaßstabs) oder Befreiungen in Form der Entlastung, des Verzichts oder des Vergleichs auf den Haftungsanspruch, getroffen werden. Bedeutung haben die Haftungsminimierung und der Ausschluss nicht nur auf die Haftung selbst, sondern auch auf die Prävention der Haftung.

2.4.4.1 Weisung und Billigung

Eine haftungsentlastende Wirkung hat die Weisung der Gesellschafterversammlung an den Geschäftsführer, mit Ausnahme der Kapitalerhaltung bzw. auch, wenn der Anspruch zur Befriedigung der Gläubiger erforderlich ist (§ 43 III S.3 GmbHG). Gleiches gilt auch, wenn die Gesellschafter das Verhalten des Geschäftsführers billigen. Für die Weisung und Billigung gelten dieselben Voraussetzungen. Soweit nichts anderes in der Satzung bestimmt ist, erteilt die Gesellschafterversammlung durch einfachen Gesellschafterbeschluss (§ 47 I GmbHG) die Weisung bzw. Billigung. Für einen Gesellschafter-Geschäftsführer ist zu beachten, dass er nach § 47 IV GmbHG bei seiner Betroffenheit hierbei kein Stimmrecht hat und ein solches auch nicht für andere ausüben darf. Im Falle der Eröffnung des Insolvenzverfahrens entfällt die Zuständigkeit der Gesellschafterversammlung, dem Manager haftungsbefreiende Weisungen zu erteilen, soweit die Geschäftsführungsmaßnahme Masserelevanz hat. Eine haftungsausschließende Wirkung (Präklusionswirkung) hat daher ein gefasster Entlastungsbeschluss der Gesellschafterversammlung nach § 46 Nr.5 GmbHG. Inbegriffen sind solche Pflichtverletzungen, die der Gesellschafterversammlung bekannt waren oder die ihr bei sorgfältiger Prüfung der vorgelegten Unterlagen bzw. erstatteten Berichte hätten bekannt sein müssen.[156] Bei Tatsachenverschleierung des Managers ist eine Entlastung nicht gegeben. Es besteht aber die Möglichkeit, durch die sog. Generalbereinigung bewusst auf sämtliche Ansprüche, auch soweit sie den Gesellschaftern nicht bekannt sind, zu verzichten. Unberührt bleiben von der haftungsausschließenden Wirkung einer Weisung bzw. Billigung die rest-

---

[156] Rocco, Der GmbH-Geschäftsführer, S.301

lichen Pflichten im Umfeld des Beschlusses.[157] Solche Restpflichten sind die ordnungsgemäße Vorbereitung des Beschlusses des weisungsberechtigten Organs, der ausreichende Hinweis auf die Folgen der Entscheidung, die angemessene Geltendmachung der Bedenken ggü. den Gesellschaftern zur Weisungsaufhebung oder -abänderung sowie die pflichtwidrige Einwirkung auf die Willensbildung der Gesellschafter.

2.4.4.2 Modifikation des Pflichten- und Sorgfaltsmaßstabs

Ein Ausschluss von einfacher oder grober Fahrlässigkeit bei unterschiedlicher Fallgestaltung könnte durch eine Vereinbarung der Parteien getroffen werden. Ob § 43 GmbHG einer solchen Vereinbarung zugänglich ist, ist fraglich.[158] § 43 I GmbHG will nicht nur die Interessen des Geschäftsführers und der Gesellschaft bzw. der Gesellschafter zu einem angemessenen Ausgleich bringen, § 43 I, II GmbHG dient vielmehr auch dem Schutz der Gläubiger. Es gilt der Grundsatz „Was dem Wohl der Gesellschaft dient, dient auch dem Wohl der Gläubiger". Die Haftungskonzentration ist aus diesem Grund auf die Gesellschaft gerechtfertigt. Das Verbot des § 276 III BGB lässt den Ausschluss für vorsätzliches Handeln nicht zu. Jedoch indiziert § 276 III BGB keine abschließende Wertung für das Gesellschaftsrecht aufgrund der Mehrseitigkeit der Interessen im GmbH-Gesetz. Das Aktiengesetz, das oft eine Analogie in Bezug auf das GmbH-Recht herstellt, lässt ausdrücklich keine Haftungsminderung oder gar den Ausschluss zu (§ 93 IV AktG). Hingegen können die Gesellschafter durch eine Weisung eine haftungsentlastende Wirkung herbeiführen. Daraus folgt, dass die Vereinbarung der Haftungsbeschränkung zulässig ist, wenn die Kapitalerhaltung und die Wahrung der Gesellschafterinteressen nicht betroffen sind. In der Praxis wird meist nur die einfache Fahrlässigkeit Vertragsbestandteil, da der Verhaltensmaßstab eines groben Verschuldens nicht im Interesse der Gesellschafter steht. Eine weitere mögliche vertragliche Vereinbarung ist die Verkürzung der Verjährungsfrist.[159] Eine solche Vereinbarung könnte die Gestalt einer Ausschlussklausel (Verfallklausel) annehmen, nach der Ansprüche innerhalb einer vereinbarten Frist geltend zu machen sind, wobei immer in Bezug auf die Kapitalerhaltung die Unwirksamkeit zu beachten ist.[160]

---

[157] Schneider in Scholz, GmbH-Gesetz, § 43 GmbHG, Rn.95; GmbHR 2005, 1229, 1231
[158] GmbHR 2001, 806; NZG 2000, 1204
[159] BGH NJW 2000, 576
[160] BGH NJW 2000, 1571

2.4.4.3 Verzicht und Vergleich

Die Gesellschafter können auf den Anspruch der GmbH verzichten oder auf einen entsprechenden Vergleich hinwirken, die bestimmten Voraussetzungen bzw. Beschränkungen ausgesetzt sind, so etwa nach § 9 b I GmbHG, der den Verzicht bzw. Vergleich über Ersatzansprüche der GmbH nach § 9 a GmbHG als unwirksam ansieht, da auch hier die Befriedigung der Gläubiger im Vordergrund steht. Eine andere Rechtsfolge gilt, wenn der Geschäftsführer zahlungsunfähig ist und die Ersatzpflicht in einem Insolvenzverfahren geregelt wird oder er sich zur Abwendung des Insolvenzverfahrens mit einem Gläubiger vergleicht.[161] Nach dem Anspruch aus § 9 a I GmbHG durch das Verzichts- und Vergleichsverbot nach § 9 b I GmbHG haftet der Geschäftsführer ggü. der GmbH, wenn er zum Zweck der Errichtung falsche Angaben macht. § 43 III S.2 GmbHG verweist auch auf das Verbot, wodurch Haftungsansprüche nach § 43 III S.1 GmbHG erfasst werden, wie Ersatzansprüche der Gesellschaft wegen Verstoß gegen die §§ 30 I, 33, 43a GmbHG. Unstreitig findet das Verbot auch entsprechende Anwendung auf die Geschäftsführerhaftung nach § 64 GmbHG, wenn er nach Feststellung der Insolvenzreife noch Zahlungen leistet. Eine Ausnahme des Verbots lässt eine Bestimmung zur Privilegierung von Sanierungsbemühungen zu Gunsten des Geschäftsführers, aber auf Kosten der Gesellschaftsgläubiger erkennen.[162] Über die Geltendmachung von Ersatzansprüchen der GmbH gegen Manager (auch ehemalige) entscheiden die Gesellschafter (§ 46 Nr.8 GmbHG). Sie alleine verfügen über den Anspruchsverzicht, die Stundung, den Erlass und den Vergleich eines Anspruchs. Sinn und Zweck ist hierbei, die erhebliche Belastung der Zusammenarbeit der Organe bzw. Beteiligten untereinander zu reduzieren und das Ansehen der Gesellschaft in der Öffentlichkeit zu wahren.[163]

2.5 Beendigung der Geschäftsführerstellung

Das organschaftliche und persönliche Rechtsverhältnis spielt bei der Beendigung eine entscheidende Rolle. Sowohl das organschaftliche Verhältnis als auch der Anstellungsvertrag bedürfen der Beendigung der Geschäftsführerstellung, um eventuellen Krisen vorzubeugen oder in Krisensituationen die GmbH zu retten. Die Beendigung ist grundsätzlich jederzeit und ohne wichtigen Grund möglich. Der organschaftliche Status kann von Seiten der Gesellschaft durch Abberufung nach § 38 GmbHG, aber

---

[161] Krieger/Schneider, Managerhaftung, S.290, Rn.3
[162] Cahn, S.113 ff.
[163] Krieger/Schneider, Managerhaftung, S.299, Rn.20

auch durch den Geschäftsführer selbst in Form der Amtsniederlegung beendet werden. Der persönliche Status wird hingegen durch die Kündigung des Anstellungsvertrags entweder durch die Gesellschaft oder den Geschäftsführer beendet. Der Geschäftsführer hat also das Recht, jederzeit sein Amt zu kündigen und niederzulegen, sei es grundlos oder sei es dadurch, dass er sich nicht mehr in der Lage sieht, die GmbH ordnungsgemäß zu führen.[164] In der Regel wird die Beendigung der Geschäftsführerstellung schon in der Satzung der GmbH bestimmt.

Rechte aus arbeitsrechtlichen Schutzvorschriften (Kündigungsschutzgesetz; Mutterschutzgesetz; Schwerbehindertengesetz) stehen dem Geschäftsführer bei einer Kündigung nicht zur Verfügung. Ausnahmen hierbei sind die Sittenwidrigkeit, Verstoß gegen das Gleichheitsgebot sowie das Anstellungsverhältnis als Arbeitsverhältnis,[165] wodurch im Einzelfall die allgemeinen Vorschriften zur Anwendung gelangen.

2.5.1 Amtsniederlegung

Die Amtsniederlegung ist eine einseitig empfangsbedürftige Willenserklärung, für deren Entgegennahme die Gesellschafterversammlung zuständig ist. Die Amtsniederlegung durch einen GmbH-Geschäftsführer ist grundsätzlich sofort wirksam, unabhängig davon, ob ein wichtiger Grund vorliegt oder ein solcher zumindest behauptet wird.[166] Die Kenntnisnahme eines Gesellschafters ohne die Einberufung der Gesellschafterversammlung ist bereits ausreichend. Jedoch könnte dieser Gesellschafter die Kenntnisnahme verschweigen oder vergessen, so dass eine geeignete Lösung die Kenntnisnahme mehrerer Gesellschafter wäre. Ein sicherer Weg wäre die Zustellung der Niederlegungserklärung über den Gerichtsvollzieher an alle Gesellschafter. Im Anschluss hat durch unverzügliche Anmeldung der Niederlegung zur Eintragung beim Handelsregister eine Löschung des Geschäftsführers im Register zu erfolgen.[167] Die Amtsniederlegung kann mit sofortiger Wirkung oder auch mit Fristsetzung erklärt werden, wobei die gleichzeitige Amtsniederlegung und Kündigung des Anstellungsvertrages empfehlenswert ist, um mögliche Haftungstatbeständen aus dem Weg zu gehen. Ist das Amt niedergelegt, so endet auch die Vertretungsbefugnis nach außen. Weiterhin hat der Geschäftsführer darauf zu achten, dass er die Niederlegung nicht zur Unzeit, d.h. wenn Insolvenzantrag gestellt werden müsste, erklärt oder aus der Amtsnieder-

---

[164] BGHZ 121, 257, 260
[165] siehe auch unter: Rechte und Pflichten aus dem persönlichen Status
[166] BGH 8.2.1993, Az. II 2 R 98/92
[167] Rocco, Der GmbH-Geschäftsführer, S.131

legung der GmbH ein Schaden entsteht. In der Zeit der Insolvenz ist der Geschäftsführer für die internen gesellschaftlichen Angelegenheiten sowie für die Handelsregisteranmeldung zuständig. Selbst in dieser Zeit kann er sein Amt niederlegen, da es für das Handelsregister hier keinen Anlass mehr für eine Zurückweisung gibt. Die Fortführung der Geschäfte ist durch den Insolvenzverwalter gewährleistet.

2.5.2 Kündigung

Die Kündigung des Anstellungsvertrages richtet sich nach den gesetzlichen Regelungen aus den §§ 621 ff. BGB. Die Beendigung des Anstellungsvertrages lässt die Geschäftsführungsbefugnis erlischen. Die Erklärung des Geschäftsführers kann gegenüber dem Mitgeschäftsführer gemäß § 35 II S.3 GmbHG[168] oder der Gesellschafterversammlung bzw. einem einzelnen Gesellschafter erfolgen, wenn er die Mitgesellschafter informiert[169]. Sowohl die ordentliche als auch die außerordentliche Kündigung kommen in Betracht. Jederzeit kann eine ordentliche Kündigung erfolgen, wenn der Anstellungsvertrag auf eine unbestimmte Zeit abgeschlossen wurde. Im Allgemeinen richtet sich die ordentliche Kündigung von Dienstverhältnissen nach § 621 BGB, wobei § 622 BGB eine Sonderregelung für Arbeitsverhältnisse enthält. Wie bereits behandelt, ist der Geschäftsführer vom Arbeitnehmer abzugrenzen. Daher ist es nahe liegend, die Berechnung der Kündigungsfrist nach § 621 BGB zu bestimmen. Jedoch ist eine derart kurze Kündigungsfrist unbillig, weil der Geschäftsführer sein Amt hauptberuflich ausübt und genauso seinen Lebensunterhalt zu finanzieren hat wie ein Arbeitnehmer. Ebenfalls liegt es im Interesse der GmbH, einen geeigneten Nachfolger zu finden. Daher gilt die analoge Anwendung des § 622 BGB.[170] Für die Ausnahme des beherrschenden Gesellschafter-Geschäftsführers, dessen Kündigung ohne wichtigen Grund gegen seinen Willen nicht möglich ist, gilt § 621 Nr.3 BGB weiter. Einer Form der Kündigung bedarf es nicht, da § 623 BGB nur für Arbeitsverhältnisse gilt. Ist unter Berücksichtigung aller Umstände des Einzelfalls und unter Abwägung der Interessen die weitere Zusammenarbeit unzumutbar, so kommt auch eine außerordentliche Kündigung, d.h. fristlos, in Betracht. Hierbei muss stets ein wichtiger Grund vorliegen. Als Rechtsgrundlage dient § 626 BGB. Die Kündigungsfrist bemisst sich nach der Zweiwochenfrist gemäß § 626 II BGB.

---

[168] BGH GmbHR 1961, 48
[169] BGH GmbHR 2004, 57
[170] Muschalle/Schultze, Die Haftung des Geschäftsführers, S.23

2.5.3 Aufhebungsvertrag

Ein Aufhebungsvertrag ist eine Möglichkeit, das Anstellungsverhältnis vor Zeitablauf zu beenden, um möglichen Problemen aus dem Weg zu gehen. Dieser Vertrag wird zwischen dem Geschäftsführer und der GmbH bzw. Gesellschafterversammlung geschlossen, so dass hier nicht alleine der Geschäftsführer über das Ende beschließen kann. Gleichzeitig bedeutet dies auch, dass wenn die Gesellschafterversammlung einer Beendigung durch Kündigung zustimmt, nicht das Recht enthalten ist, mit dem Geschäftsführer einen Aufhebungsvertrag zu schließen.[171] Aufgrund steuer- und sozialversicherungsrechtlicher Konsequenzen, die ein solcher Vertrag mit sich bringt, ist vor Abschluss der Inhalt zu klären. Dieser wäre z.B. die Vereinbarung eines nachvertraglichen Wettbewerbsverbots, etwaige Versicherungsverträge, Altersvorsorge, Urlaubsabgeltung, Abfindung, etc.

---

[171] LAG Hessen, NJW – RR, 2001, 113

3. Der GmbH-Gesellschafter

3.1 Allgemeine Rechte und Pflichten des GmbH-Gesellschafters zur Krisenprävention

Die Gesellschafter einer GmbH, die zusammen als Gesellschafterversammlung das erste notwendige Organ bilden, haben wie der Geschäftsführer ihre Aufgaben und die mit diesen verbundene Rechte und Pflichten wahrzunehmen. Hierbei ist Voraussetzung, das Kompetenz- und Beteiligungsgefüge sowie die Strukturen der Gesellschaft zu kennen, damit das Überleben in der Geschäftswelt gewährleistet ist bzw. in einer Krisensituation ein Fortbestehen der Gesellschaft garantiert werden kann. Die Gesellschafter haben hierbei ihre Rechte und Pflichten nicht nur aus alltäglichen Anlässen zu kennen, sondern vielmehr auch aufgrund der Krisenprävention. Für den erfolgreichen und gewinnorientierten Gesellschafter ist es somit unerlässlich, nicht nur „Basics" des Gesellschaftsrechts zu beherrschen, sondern auch fundierte Kenntnisse zu erlangen.

Ein Gesellschafter gilt als Mitglied der GmbH. Die Mitgliedschaft ergibt sich aus dem Geschäftsanteil, der gleichzeitig die Gesamtheit der Rechte und Pflichten des Gesellschafters umfasst.[172] Die Rechte des Gesellschafters lassen sich in Vermögensrechte, Verwaltungsrechte in der Gesellschafterversammlung, Kontroll- und Minderheitenrechte sowie in Sonderrechte aus der Satzung gruppieren.

3.1.1 Satzungsgestaltung

Grundlegend können die Gesellschafter die Satzung der GmbH gestalten, um eine perfekte Basis für die Gesellschaft zu schaffen. Zunächst ist der gesetzlich vorgeschriebene Mindestinhalt aufzunehmen (§ 3 I GmbHG), wobei ergänzende Regelungen bestimmbar sind. Denkbare ergänzende Regelungen sind z.B. Kompetenzverteilung, Wettbewerbsverbote sowie Nebenleistungsverpflichtungen der Gesellschafter, je nach Vielzahl von Gesellschaftern die Gründung eines Beirats, der Beginn der Einberufungsfrist zur Gesellschafterversammlung, Bestimmungen über die Beschlussfeststellung, -fähigkeit oder -fassung, Unterzeichnungspflicht mindestens eines Gesellschafters bei bestimmten Nichtgrundlagengeschäften, Stimmrechtsvertretung, Geschäftsführung und -vertretung, sonstige Zustimmungsvorbehalte zur Mitwirkung und Information, Bestimmungen bei Veränderungen des Gesellschafteranteils, Klauseln zur Ergebnisverwendung (Rücklagenbildung bzw. Gewinnauszahlung).

---

[172] Rocco, Der GmbH-Gesellschafter, S.111

3.1.2 Einflussnahme auf die Geschäftsführung

Die Frage der Einflussnahme auf die Geschäftsführung haben die Gesellschafter bereits im Vorfeld durch die Rechtsformwahl geklärt, um einen krisenaversen Weg zu ebnen. Desweiteren ist den Gesellschaftern die Möglichkeit zur Einflussnahme geboten, indem sie den flexiblen Gesellschaftsvertag ausgestalten (§ 45 I GmbHG). Hierbei können die Gesellschafter das Weisungsrecht der Gesellschafterversammlung ggü. dem Geschäftsführer bestimmen. Durch diese Kompetenzverteilung haben sie die Einflussnahmemöglichkeit auf die Geschäftsführung (§ 37 I GmbHG). Sie können weiterhin zwischen der bloßen Gesellschafterposition oder der Gesellschafter-Geschäftsführerposition, bei der sie die Leitungsverantwortung übernehmen, wählen.

3.1.3 Relevanz der Geschäftsführereignung

Grundlegend hat der Gesellschafter schon bei der Auswahl des Geschäftsführers die Pflicht, auf Eignungsvoraussetzungen zu achten, um die GmbH vor möglichen Schäden zu schützen. Der § 6 II GmbHG liefert dem Gesellschafter erste Anhaltspunkte. Der Geschäftsführer muss eine natürliche und unbeschränkt geschäftsfähige Person sein, d.h. es dürfen keine Minderjährigen oder Geisteskranke (Ausnahme bei Betreuung) das Amt des Geschäftsführers übernehmen. Ein Geschäftsführer, der wegen eines Insolvenzdelikts gemäß §§ 283 bis 283d StGB rechtskräftig verurteilt worden ist, darf für die Dauer von 5 Jahren ab Rechtskraft des Urteils nicht das Amt bekleiden.[173]

Der Verlust der Geschäftsführerfähigkeit kann auch durch ein staatliches Verbot, in dem die Ausübung eines Berufs oder Gewerbes untersagt worden ist, erfolgen (§ 6 II S 4 GmbHG).

Ebenso ist auf berufs- und branchenspezifische Normen hinzuweisen, wie z.B. bei freiberuflichen Diensten, die eine etwaige Zulassung benötigen. Des Weiteren darf der Gesellschafter dem Geschäftsführer aufgrund der Unvereinbarkeit eines Doppelmandats innerhalb der GmbH nicht ein gleichzeitiges Aufsichtsratmandat vergeben sowie dem Aufsichtsratmitglied nicht die Geschäftsführerstellung (Inkompatibilität gemäß §§ 52 I GmbHG, 105 I AktG). Die Kontrolle und die Leitung sind strikt von einander zu trennen. Selbst aus der Satzung des Gesellschaftsvertrages können sich mögliche Eigenschaften ergeben, die die Gesellschafter als Vorgabe voraussetzen.

---

[173] Rocco, Der GmbH-Geschäftsführer, S. 6

3.1.4 Gesellschafterversammlung

In der Gesellschafterversammlung wird das Stimmrecht nach § 47 GmbHG unter Beachtung der Treuepflicht des Gesellschafters ausgeübt, womit auch Weisungsbeschlüsse an den Geschäftsführer einhergehen. Innerhalb der Beschlussfassung in der Gesellschafterversammlung wird auch die zukünftige Geschäftspolitik bestimmt. Allen Gesellschaftern gebührt ein Teilnahme- und Rederecht. Außerhalb der Gesellschafterversammlung existieren Individualrechte, wie das Auskunfts- und Einsichtsrecht gemäß § 51 a GmbHG, auf Verlangen vom Geschäftsführer unverzüglich Auskunft über die Angelegenheiten der Gesellschaft zu geben und die Einsicht der Bücher und Schriften zu erhalten. Bei gesellschaftsfremder Zweckverwendung dürfen die Rechte verweigert werden.[174] Bei Verweigerung kann der Gesellschafter nach § 51 b GmbHG das Auskunfts- und Einsichtsrecht durch gerichtliche Entscheidung erzwingen. Wesentliche Kompetenzen bestimmen sich aus den §§ 45, 46 GmbHG. Soweit nicht gesetzliche Vorschriften entgegenstehen, gilt der Gesellschaftsvertrag. In Ermangelung hinsichtlich Vorschriften des Gesellschaftsvertrages gelten die §§ 46 ff. GmbHG, die den Aufgabenkreis des Gesellschafters regeln.

Dem Gesellschafter obliegt ggü. den Mitgesellschaftern einer Aufklärungspflicht über Abschluss oder Änderung von Gesellschaftsverträgen, besonders bei erläuterungsrelevanten Regelungen und Risiken, die aus § 242 BGB hergeleitet wird.

Da die Gesellschafterversammlung als oberstes Willensbildungsorgan per Beschluss handelt und dadurch nicht nur die Grundlagen, sondern auch alle Einzelheiten der Geschäftspolitik bestimmen kann, steht dem einzelnen Gesellschafter das Recht zu, gegen ihm nicht genehme Gesellschafterbeschlüsse vorzugehen, indem er Anfechtungs- oder Nichtigkeitsklage gemäß §§ 241 ff. AktG entsprechend erhebt.[175] Dem Gesellschafter steht ebenso der einstweilige Rechtsschutz zu, wenn ihm unzumutbar ist, das Prozessende abzuwarten.

3.1.5 Gesellschafter als Erbringer des Kapitals

Die Gesellschafter sind nach § 19 GmbHG zur Einzahlung ihrer Stammeinlagen verpflichtet. Diese Pflicht wird auch als Kardinalpflicht bezeichnet.[176] Der Zweck ist, dass das Stammkapital, das tatsächlich zur Verfü-

---

[174] Rocco, Der GmbH-Gesellschafter, S.128 ff.
[175] Rocco, Der GmbH-Gesellschafter, S.178 ff.
[176] Rocco, Der GmbH-Gesellschafter, S.159

gung stehen muss, den Gläubigern als Haftungshinweis dient und ihrem Gläubigerinteresse entspricht, da der Gesellschafter nicht für Gesellschaftsverbindlichkeiten persönlich haftet, sondern nur das Gesellschaftsvermögen (§ 13 II GmbHG). Die Höhe der Stammeinlage geht aus den neu gestalteten §§ 5, 7 GmbHG hervor.[177] Die Einlage ist im Fälligkeitszeitpunkt, der durch die Satzung oder durch einen Einforderungsbeschluss nach § 46 Nr.2 GmbHG festgelegt werden kann, zu leisten.

Besonderer Aufmerksamkeit bedarf es bei Voreinzahlungen der Stammeinlage der Gesellschafter. Diese sollten generell nur zum Fälligkeitszeitpunkt leisten, da nur das noch nicht verbrauchte Kapital als Einlage qualifiziert wird.

Ist es vorgesehen, dass die Stammeinlage nicht voll erbracht wird, so sind die Einzahlungen im Verhältnis zur übernommenen Stammeinlage zu leisten. Von der Verpflichtung zur Leistung der Einlagen können die Gesellschafter nicht befreit werden (§ 19 II GmbHG). Eine andere Möglichkeit in Bezug auf die Stammeinlage ist auch nicht bei Erlass oder Stundung sowie bei Geltendmachung der Aufrechnung gegeben. Ein Zurückbehaltungsrecht bei zu leistenden Sacheinlagen ist ebenso nicht vorhanden.[178] Eine unentgeltliche Leistung auf die Stammeinlage nach § 19 V GmbHG, die durch Aufrechnung einer für die Überlassung von Vermögensgegenständen zu gewährenden Vergütung bewirkt wird, befreit den Gesellschafter von seiner Verpflichtung nur, soweit nach § 5 IV S.1 GmbHG der Gegenstand der Sacheinlage und der Betrag der Stammeinlage, auf die sich die Sacheinlage bezieht, im Gesellschaftsvertrag festgesetzt werden.

3.1.6 Kapitalsäumige Gesellschafter

Nach § 20 GmbHG sind die Gesellschafter, welche den auf die Stammeinlage eingeforderten Betrag nicht rechtzeitig einzahlen, zur Entrichtung von Verzugszinsen verpflichtet. Die Einlagenschulden werden nach § 288 I BGB mit 5 % über dem Basiszinssatz verzinst. Bei einer verzögerten Einzahlung kann an den säumigen Gesellschafter eine erneuten Aufforderung zur Zahlung innerhalb der gesetzten Frist unter Androhung des Ausschlusses mit dem Geschäftsanteil, auf welchen die Zahlung zu erfolgen hat, erlassen werden (§ 21 I GmbHG). Ist die gesetzte Frist abgelaufen, so kann der säumige Gesellschafter seines Geschäftsanteils und der geleisteten Teilzahlungen zugunsten der GmbH verlustig erklärt werden (§ 21 II

---

[177] siehe unter: 2.1.3. Hüter des Kapitals
[178] Stehle/Leuz, Der erfolgreiche GmbH-Geschäftsführer, S.18

GmbHG, Kaduzierungsverfahren). Nach Absatz III bleibt der Anspruch in einem solchen Fall aufgrund des Ausfalls, welchen die Gesellschaft an dem rückständigen Betrag oder den später auf den Geschäftsanteil eingeforderten Beträgen der Stammeinlage erleidet, bestehen. Ebenso sind die Rechtsvorgänger des Ausgeschlossenen hierfür haftbar (§ 22 I GmbHG). Dieser Haftungsanspruch besteht jedoch nicht mehr, wenn vom Rechtsnachfolger die Zahlung zu erwarten ist, wobei sich die Haftpflichtfrist auf fünf Jahre begrenzt. Zahlt der Rechtsvorgänger den rückständigen Betrag, so erwirbt er den Geschäftsanteil des ausgeschlossenen Gesellschafters. Die Gesellschaft kann den Geschäftsanteil im Wege einer öffentlichen Versteigerung verkaufen, wenn die Zahlung vom Rechtsvorgänger nicht zu erlangen ist. Ein Verkauf anderer Art bedarf nach § 23 GmbHG der Zustimmung des ausgeschlossenen Gesellschafters. Im Interesse der Gläubiger haben die übrigen Gesellschafter gemäß § 24 GmbHG den Fehlbetrag nach Verhältnis ihrer Geschäftsanteile aufzubringen, soweit die Stammeinlage weder von den Zahlungspflichtigen eingezogen noch durch Verkauf des Geschäftsanteils gedeckt werden kann (kollektive Deckungspflicht).

Eine kollektive Haftung tritt ebenfalls ein, wenn gegen das Verbot des § 30 GmbHG Zahlungen aus dem Stammkapital an Gesellschafter geleistet wurden und die Erstattung von dem Empfänger nicht zu erlangen ist, § 31 GmbHG, d.h. die übrigen Gesellschafter nach dem Verhältnis ihrer Geschäftsanteile diesem Anspruch ausgesetzt sind.

3.1.7 Nachschusspflicht

Eine Nachschusspflicht hinsichtlich des Kapitals der GmbH ist nicht im Gesetz normiert. Der ursprüngliche Gesellschaftsvertrag kann jedoch eine solche Nachschusspflicht bestimmen. Eine spätere Bestimmung bezüglich der Nachschusspflicht im Rahmen der den Gesellschaftern nach dem Gesellschaftsvertrag obliegenden Leistungen kann nur mit Zustimmung, also nicht gegen den Willen, sämtlicher beteiligter Gesellschafter beschlossen werden (§ 53 III GmbHG).[179]

3.1.7.1 Beschränkte Nachschusspflicht

Die Nachschusspflicht kann gemäß § 28 I GmbHG im Gesellschaftsvertrag auf einen Höchstbetrag beschränkt werden. Die Gesellschafter würden hier bis zum Höchstbetrag haften. Wie im Falle der rückständigen Einlagen sind eine Kaduzierung und die Haftpflicht des Rechtsvorgängers für

---

[179] Stehle/Leuz, Der erfolgreiche GmbH-Geschäftsführer, S.18 ff.

den Ausfall denkbar.[180] Eine diesbezügliche Deckungspflicht der restlichen Gesellschafter entfällt. Der Sinn ist auf die Aufbringung des Stammkapitals gerichtet.

3.1.7.2 Unbeschränkte Nachschusspflicht

Die Gesellschafter haben ebenso die Möglichkeit, eine unbeschränkte Nachschusspflicht nach § 27 GmbHG, bei der kein Höchstbetrag festgelegt ist, im Gesellschaftsvertrag zu verankern. Diese Regelung hat nicht dieselben Rechtsfolgen wie die beschränkte Nachschusspflicht oder rückständige Einlagen. Jedoch hat jeder Gesellschafter das Abandonrecht, d.h., falls die Stammeinlage vollständig eingezahlt wurde, hat er das Recht, sich von der Zahlung des auf den Geschäftsanteil eingeforderten Nachschusses zu befreien (§ 27 I S.1 GmbHG). Die Gesellschaft ist fähig, wenn der Gesellschafter innerhalb der gesetzten Frist weder von der bezeichneten Befugnis Gebrauch macht noch die Einzahlung leistet, demselben mittels eingeschriebenen Briefes zu erklären, dass sie den Geschäftsanteil als zur Verfügung gestellt betrachtet (§ 27 I S.2 GmbHG). In den genannten Fällen muss die GmbH gemäß § 27 II GmbHG den Geschäftsanteil innerhalb eines Monats im Wege der öffentlichen Versteigerung verkaufen. Eine andere Art des Verkaufs bedarf der Zustimmung des Gesellschafters. Verbleibende Überschüsse gebühren dem Gesellschafter.

3.1.8 Erstattung verbotener Rückzahlungen

Eine Erstattungspflicht der Gesellschafter ggü. der Gesellschaft besteht hinsichtlich von verbotenen Zahlungen, die trotz Erhaltungspflicht aus dem Stammkapital heraus geleistet wurden (§§ 30,31 GmbHG). Fällt der Erstattungspflichtige aus, so haften nach § 31 III GmbHG die restlichen Gesellschafter anteilig. Mit dieser anteiligen Haftung geht ein Rückgriffsanspruch gegen den Geschäftsführer, der die Zahlung veranlasst hat, einher (§ 31 VI GmbHG).[181]

3.1.9 Präventiver Kapitalschutz

Grundlegend haben die Gesellschafter die Kapitalerhaltung zu beachten. Um den Gewinnanspruch der Gesellschafter aus § 29 GmbHG auch in zukünftigen Perioden zu gewähren, sollten jene durch Gesellschafterbeschluss oder Satzungsklausel einen Teil des Gewinns im Gesellschaftsvermögen einbehalten und Rücklagen bilden, die sog. Thesaurierung.

---

[180] siehe unter: 3.1.5. Kapitalsäumige Gesellschafter
[181] Muschalle/Schultze, Die Haftung des Geschäftsführers, S.45

Somit können Verlustzeiträume eher kompensiert werden. Generell ist das Interesse der Gesellschafter zur Gewinnausschüttung und Rücklagenbildung abzuwägen, wobei die gesamten finanziellen und wirtschaftlichen Verhältnisse wie etwa auch eine angemessene Planung, die Kapitalausstattung der Gesellschaft, vorhandene Rücklagen, Kreditfähigkeit, Verbindlichkeiten und Marktsituation der betroffenen Gesellschaft zu berücksichtigen sind.

3.1.10 Voreinzahlungen zur Krisenvorsorge

Bei künftiger Kapitalerhöhung bedarf es im Normalfall der Klärung der Behandlung von bereits geleisteten Voreinzahlungen des Gesellschafters. Diese haben grundsätzlich nur dann Tilgungswirkung, wenn der eingezahlte Betrag im Zeitpunkt der Beschlussfassung und der mit ihr üblicherweise verbundenen Übernahmeerklärung als solcher noch im Gesellschaftsvermögen zweifelsfrei vorhanden ist.

In Krisenzeiten können ausnahmsweise verbrauchte Voreinzahlungen unter engen Voraussetzungen als wirksame Erfüllung der später übernommenen Einlageschuld anerkannt werden. Dies ist an engste Voraussetzungen geknüpft. Die Gesellschaft muss zu diesem Zeitpunkt insolvenzreif mit Ausnahme der drohenden Zahlungsunfähigkeit sein. Die Handlung erfolgt mit Sanierungswillen, die Gesellschaft ist noch sanierungsfähig, die Voreinzahlung ist objektiv zur durchgreifenden Sanierung geeignet und andere Maßnahmen kommen nicht in Betracht bzw. die Rettung der sanierungsfähigen Gesellschaft würde scheitern. Der Tilgungszweck muss ersichtlich sein. Zwischen Voreinzahlung und anschließendem Kapitalerhöhungsbeschluss muss ein enger zeitlicher Zusammenhang bestehen. Abschließend sind die Gesellschafter zur Offenlegung der geleisteten Voreinzahlung im Kapitalerhöhungsbeschluss sowie bei Anmeldung zum Handelsregister verpflichtet.[182]

3.1.11 Treuepflicht

Das Gesellschaftsverhältnis beinhaltet die Treuepflicht sowohl den anderen Gesellschaftern als auch der GmbH ggü. Wie beim Geschäftsführer geht das loyale Verhalten ggü. dem Umfeld einher. Weiterhin soll der gemeinsame Zweck gefördert werden und Schaden abzuwenden sein.[183] Mit steigender Personalisierung der GmbH wird die Treuepflicht ausgeprägter. Dagegen sinkt sie bei steigender kapitalistischer Organisation.

---

[182] BGHZ 158, 283; BGH 26.6.2006, Az. II ZR 43/05
[183] siehe unter: 2.1.5. Treuepflicht

Anwendung findet die Treuepflicht etwa bei Ausübung des Stimmrechts, um einer Verpflichtung eines Beschlusses nachzukommen. Anfechtbar sind treuwidrige Stimmabgaben bei Gesellschafterbeschlüssen. Im Falle eines Schadens durch Treuepflichtverletzung kann sogar eine Ersatzpflicht des Gesellschafters entstehen. Ein Gesellschafterausschluss ist nur bei gravierenden Verstößen, wenn also kein milderes Mittel mehr zur Verfügung steht, möglich. Auch ein Gesellschafter hat das Wettbewerbsverbot zu beachten, da ein Mehrheitsgesellschafter kraft seines beherrschenden Einflusses eigene Interessen in den Vordergrund stellen kann. Das Wettbewerbsverbot endet gleichzeitig mit Beendigung der Gesellschafterstellung, wenn keine nachvertragliche Vereinbarung getroffen wurde. Verletzt der Gesellschafter das Wettbewerbsverbot so können ihm die Rechtsfolgen aus den §§ 112, 113 HGB entgegenstehen.[184]

Aus der Treuepflicht lassen sich weitere Pflichten, wie z.B. die Kontrolle über das Unternehmen, herleiten.

3.1.12 Beendigung der Geschäftsführerstellung

Die Beendigung der Geschäftsführerstellung, die Abberufung hinsichtlich des organschaftlichen Status und die Kündigung hinsichtlich des persönlichen Status des Geschäftsführers fallen in den Zuständigkeitsbereich der Gesellschafterversammlung.[185] Es ist demzufolge Aufgabe der Gesellschafter, die beiden voneinander zu trennenden Rechtsverhältnisse zu beenden, falls eine Zusammenarbeit nicht mehr zuzumuten oder es die Option zu einer Krisenprävention ist. Die Abberufung und Kündigung ist grundsätzlich immer möglich.

Die Gesellschafterversammlung sollte bei Abberufung eines Geschäftsführers gleichzeitig auch einen Nachfolger ernennen, um einen Zeitraum der Führungslosigkeit zu vermeiden.

Die Gesellschafter können sich weitere Möglichkeiten der Beendigung vorbehalten, so etwa eine Befristung in der Satzung oder einen Bestellungsbeschluss sowie eine auflösende Bedingung.

Selbst im eröffneten Insolvenzverfahren bleibt das Recht der Gesellschafter, einen neuen Geschäftsführer zu benennen bzw. den alten abzuberufen, unberührt.

---

[184] Rocco, Der GmbH-Gesellschafter, S.171 ff.
[185] BGHZ 91, 217, 218

3.1.12.1 Abberufung

Nach § 38 I GmbHG ist die Geschäftsführerstellung jeder Zeit, ob mit sofortiger Wirkung oder Fristsetzung, zu widerrufen, unbeschadet der Entschädigungsansprüche aus den bestehenden Verträgen. Jedoch kann diese Widerruflichkeit im Gesellschaftsvertrag beschränkt werden, indem wichtige Gründe wie ein bestimmter Verschuldensmaßstab oder bestimmte Fähigkeiten bzw. Unfähigkeiten inhaltlich zum Regelungswerk des Vertrages werden (§ 38 II GmbHG). Diese Vorschrift dient auch dem Schutz der Gesellschaft, damit jederzeit auf das in der Position des Geschäftsführers als Leitungsorgan enthaltene Risiko eingewirkt werden kann. Zuständig für die Abberufung ist die Gesellschafterversammlung gemäß § 46 Nr.5 GmbHG. Bei der Abstimmung in der Gesellschafterversammlung ist eine einfache Mehrheit ausreichend, soweit die Satzung keine abweichende Regelung enthält. Die Möglichkeit der einfachen Mehrheit hat bei Vorliegen eines wichtigen Grundes immer vorhanden zu sein.[186] Das Stimmrechtverbot nach § 47 IV GmbHG greift bei einer ordentlichen Abberufung ohne wichtigen Grund für den Gesellschafter-Geschäftsführer nicht. Beteiligt sich der abzuberufende Gesellschafter-Geschäftsführer bei Vorliegen eines wichtigen Grundes, so werden seine Stimmen nicht mitgerechnet. Ein völlig unfähiger Gesellschafter-Geschäftsführer mit mindestens hälftigem Stimmenanteil könnte sonst nicht abberufen werden. Ebenso werden die Stimmen der Mitgesellschafter wegen Verstoßes gegen die Treuepflicht nicht mitgerechnet, wenn in der Person des Geschäftsführers wichtige Gründe liegen, die sein Verbleiben in der Organstellung für die GmbH unzumutbar machen.[187] Ist jedoch in der Satzung ein Sonderrecht auf die Geschäftsführung nach § 35 BGB verankert, so kann dem Gesellschafter-Geschäftsführer nur im Falle eines wichtigen Grundes das Recht durch einen satzungsändernden Abberufungsbeschluss entzogen werden. Hier ist jedoch eine rechtskräftige bzw. gerichtliche Feststellung nötig.[188]

Sobald der Widerruf dem Geschäftsführer erklärt wird bzw. zugeht, ist die Abberufung wirksam. Ab diesem Zeitpunkt besteht die Organstellung und damit die Vertretungsmacht und Geschäftsführungsbefugnis nicht mehr. Deklaratorische Wirkung hat im Folgenden nur noch die Eintragung im Handelsregister. Es bedarf daraufhin der Bestellung eines neuen Geschäftsführers, wenn kein Mitgeschäftsführer das Amt ausgeübt hat oder die Satzung mehrere Geschäftsführer vorsieht.

---

[186] BGHZ 86, 177, 179
[187] BGH NJW 1991, 846; Rocco, Der GmbH-Geschäftsführer, S.124
[188] GmbHR 2000, 563, 564

Eine Abberufung aus Willkür oder sachfremden Motiven ist hingegen bei einem Gesellschafter-Geschäftsführer unzulässig. In diesem Fall ist das Amt des Gesellschafter-Geschäftsführers eventuell die wirtschaftliche Existenzgrundlage und soll wegen der Treuebindung der Mitgesellschafter nur durch eine sachliche Rechtfertigung beendet werden können.[189]

Bei einer ordentlichen Beendigung der Geschäftsführerstellung bietet sich die Abberufung zum Kündigungszeitpunkt an, wobei dies bereits aus einer vertraglichen Vereinbarung durch die gleichzeitige Abberufung und Kündigung des Anstellungsvertrages einhergehen kann. Der Manager hat das Recht auf Vergütung bis zur Beendigung des Anstellungsverhältnisses. Daher bereitet es in der Regel Schwierigkeiten, einem abberufenen Geschäftsführer eine adäquate und zumutbare andere Tätigkeit zu übertragen und ihn auf diese Weise weiter zu beschäftigen, so dass in solchen Fällen meist nicht nur eine Arbeitsfreistellung, sondern auch eine Abfindungszahlung mit Auflösung des Dienstverhältnisses vereinbart wird.[190]

3.1.12.2 Kündigung

Natürlich kann nicht nur der Geschäftsführer den Anstellungsvertrag kündigen, sondern auch die GmbH bzw. die dafür zuständige Gesellschafterversammlung, wobei die Kündigung grundsätzlich nach demselben Schema abläuft.[191] Eine ordentliche und fristlose Kündigung unter Einhaltung der Kündigungsfristen ist somit möglich.

Wie bei der Abberufung hat der Gesellschafter-Geschäftsführer bei der Kündigung ohne wichtigen Grund ein Stimmrecht.

3.2 Mithilfe der Gesellschafter zur Krisenbewältigung

Die Risikoerkennung durch den Gesellschafter, der nicht gleichzeitig das Amt des Geschäftsführers hat, ist sehr schwer nachzuvollziehen, da er nur selten von seinem Einsichts- und Auskunftsrecht über die Geschäftslage Gebrauch macht. Ebenso ist es für ihn, wenn er nicht selbst jeden Tag im Unternehmen mitarbeitet oder Kontrollfunktionen wahrnimmt, unmöglich, den Geschäftsverlauf bzw. die Geschäftslage wie der Geschäftsführer zu überblicken, um so eventuelle Risiken zu erkennen. Dabei können Krisen in strategischer Form, also mit gestörtem Erfolgspotential, mit ständigen Verlusten oder in Form von drohender Illiquidität auftreten. Erkenntnisquellen für jene Unternehmenskrisen bezieht man z.B. aus dem

---

[189] DStR 1994, 214; NZG 2003, 931
[190] Stehle/Leuz, Der erfolgreiche GmbH-Geschäftsführer, S.180
[191] siehe unter: 2.6.2. Kündigung

Jahresabschluss, Rechnungswesen, den Mitarbeitern, dem Betriebsrat und aus Kundengesprächen. Demnach ist er auf die Geschicke des Geschäftsführers angewiesen, der zur Risikoerkennung und zur Einführung geeigneter Maßnahmen verpflichtet ist. Der Manager kann jedoch nur mit Hilfe der Gesellschafter durch Gesellschafterbeschluss früh erkennende Instrumentarien einführen und nutzen. Gleichfalls bedarf es der Mithilfe in Bezug auf die Zukunft, ob die GmbH saniert oder liquidiert werden soll.[192]

3.2.1 Zustimmung bei außergewöhnlichen Geschäftsführungsmaßnahmen

Aufgrund der Tatsache, dass außergewöhnliche Geschäftsführungsmaßnahmen der Zustimmung der Gesellschafter bedürfen, ist die Einwilligung der Zuführung neuer finanzieller Mittel notwendig, sofern das Kreditvolumen der Gesellschaft ausgeschöpft ist. Die Gesellschafter haben zu entscheiden, ob sie Eigenkapital in Form einer Kapitalerhöhung, ggf. nach vorheriger Kapitalherabsetzung, zuführen oder ob sie Fremdkapital beschaffen, etwa durch Aufnahme von Gesellschafterdarlehen oder auch Bankkrediten, die eventuell durch Bürgschaften oder sonstige Sicherheiten der Gesellschafter gesichert werden.[193]

3.2.2 Anteil am Liquidationserlös

Aufgrund der Liquidation[194] der GmbH steht dem Gesellschafter auch ein Anteil am Liquidationserlös zu. Nach Abwicklung aller Geschäfte wird nach Ablauf eines Sperrjahres das noch vorhandene Restvermögen, das nach Erfüllung oder Sicherstellung aller bekannten Verbindlichkeiten noch verbleibt, verteilt. Bei Durchführung des Insolvenzverfahrens kann die Auflösung gegen den Willen der Gesellschafter geschehen (§ 60 I Nr.4 GmbHG), aber auch durch Auflösungsbeschluss (§ 60 I Nr.2 GmbHG). Der Anspruch auf Liquidationserlös ist stets auf Geld gerichtet.[195]

---

[192] siehe unter: 2.2. Risikoerkennung und Maßnahmen; In diesem Abschnitt der Untersuchung werden die Rechte und Pflichten des Geschäftsführers und Gesellschafters zusammen erörtert.
[193] Rocco, Der GmbH-Geschäftsführer, S.150
[194] siehe unter: 2.2.5.2. Liquidation
[195] Rocco, Der GmbH-Gesellschafter, S.127

3.3 Die Rechte und Pflichten des GmbH-Gesellschafters im Insolvenzverfahren

Wie auch in der Zeit der Sanierung oder Liquidation bedarf es der Mithilfe des Gesellschafters im Insolvenzverfahren hinsichtlich der Beschlussfassung. Sie üben jedoch in dieser Zeitspanne eher das Amt eines betrachtenden Gesellschafters mit Kontrollfunktion aus, da der Insolvenzverwalter das Geschäftsgebaren übernimmt. Haftungsrelevante Konsequenzen bleiben ggü. dem Gesellschafter trotz dem Insolvenzverfahren unberührt.

3.3.1 Fortsetzung der Gesellschaft

Die GmbH wird nach § 60 I Nr.4 GmbHG durch die Eröffnung des Insolvenzverfahrens aufgelöst. Jedoch kann gemäß § 60 I Nr.4 2.HS GmbHG die Fortsetzung der Gesellschaft durch einen Gesellschafterbeschluss erfolgen, wenn das Verfahren auf Antrag der GmbH eingestellt (§§ 212 ff. InsO) oder nach der Bestätigung eines Insolvenzplans (§ 248 InsO), der den Fortbestand der Gesellschaft vorsieht, aufgehoben wird. Die GmbH besteht als Rechtsträgerin fort. Den Gesellschaftern obliegt weiterhin das Entscheidungsrecht über Satzungsänderungen, Kapitalerhöhungen oder Umwandlungen. Ebenso darf der Insolvenzverwalter nicht über die Stilllegung oder vorläufige Fortführung der GmbH ohne Zustimmung der Gläubigerversammlung entscheiden (§ 157 InsO). Im Insolvenzplan können bestimmte Leistungen, Maßnahmen bzw. Zuständigkeiten der Gesellschafter vorgesehen werden, die zu seiner Bestätigung erfüllt sein müssen (§ 249 InsO).

3.3.2 Informationsrecht

Die Gesellschafter haben ein generelles Informationsrecht, das meist durch die Einberufung der Gesellschafterversammlung befriedigt wird. Das eröffnete Insolvenzverfahren lässt nicht den generellen Informationsanspruch des Gesellschafters aus § 51a GmbHG, speziell über das Gesellschaftsvermögen, untergehen. Nicht nur der Geschäftsführer ist verpflichtet, der Informationspflicht nachzukommen, sondern auch der Insolvenzverwalter. In der Insolvenz darf die Insolvenzmasse nicht mit Kosten der Einberufung der Gesellschafterversammlung belastet werden. Daher sind diese Kosten durch massefreies Vermögen zu decken oder von den Gesellschaftern aufzubringen.[196]

---

[196] Schmidt/Uhlenbruck, Die GmbH in Krise, Sanierung und Insolvenz,S.615, Rn.1223

3.3.3 Weisungsrecht

Aufgrund der Einschränkung der gesellschaftsrechtlichen Kompetenzen durch den Zweck des Insolvenzverfahrens wird das Weisungsrecht der Gesellschafter ggü. dem Geschäftsführer eingeschränkt, aber nicht beseitigt.[197] Ein Weisungs- und Mitspracherecht der Gesellschafterversammlung existiert hinsichtlich der Insolvenzabwicklung ggü. dem Insolvenzverwalter nicht. Allerdings kann der Geschäftsführer durch die Gesellschafter angewiesen werden, einen Insolvenzplan vorzulegen oder eine Gesellschafterversammlung einzuberufen, damit eine sanierende Kapitalerhöhung ergehen kann. Hinsichtlich der Verfahrensrechte können die Gesellschafter den Geschäftsführer anweisen, sofortige Beschwerde gegen den Eröffnungsbeschluss einzulegen. Generell haben die innergesellschaftsrechtlichen Kompetenzen Bestand.[198] Die Anweisung, eine zur Tabelle angemeldete Gläubigerforderung zu bestreiten, ist gestattet, ausgeschlossen aber ist die Anweisung zum Fernbleiben des Prüfungstermins.[199]

3.4 Haftungsrelevante Fragen

Einer generellen Inanspruchnahme durch Gläubiger und Staat (Außenverhältnis), Gesellschaft oder Mitgesellschafter (Innenverhältnis) sowie Insolvenzhaftungstatbeständen ist der Gesellschafter ausgesetzt. Im Gegensatz zum Geschäftsführer unterliegt der Gesellschafter im Außenverhältnis einem weniger großen persönlichen Haftungsrisiko aufgrund des Wortlautes aus § 13 II GmbHG, bei dem nur das Gesellschaftsvermögen zur Verfügung steht. Ebenso ist das Strafbarkeitsrisiko gemindert, da der Gesellschafter nicht wie der Geschäftsführer an vorderster Front agiert. Er kann jedoch bei Beteiligung an einer strafbaren Vorschrift als Anstifter oder Gehilfe in die Haftung genommen werden. Der Gesellschafter ist ferner bei maßgeblicher Einflussnahme auf die Geschäftsführung wie ein faktischer Geschäftsführer und somit wie ein tatsächlicher zu behandeln, wodurch er zum Täter wird.

---

[197] Schmidt/Uhlenbruck, Die GmbH in Krise, Sanierung und Insolvenz, S.617, Rn.1224
[198] Gottwald, Insolvenzrechts-Handbuch, § 92, Rn.146 ff.
[199] Schmidt/Uhlenbruck, Die GmbH in Krise, Sanierung und Insolvenz, S.618, Rn.1224

3.4.2 Deliktischer Haftungsanspruch gegen den Manager

Der Geschäftsführer haftet nach § 823 I BGB, wenn er ein sonstiges vergleichbares absolutes Recht eines Gesellschafters verletzt.[200] Ein solches sonstiges Recht stellt die Beteiligung an einer GmbH dar.[201] Eine Verletzung kann dadurch erfolgen, dass der Geschäftsführer die tatsächliche Tätigkeit des Unternehmens wesentlich verändert oder die Gesellschafter bewusst unterschiedlich behandelt, indem er z.b. Geschäftsanteile einem Gesellschafter veräußert, dem hierdurch die alleinige Mehrheit verschafft wird. Die Auswirkung der deliktischen Handlung kann nicht nur den Wert der gesellschaftsrechtlichen Beteiligung beeinträchtigen, sondern auch den Inhalt und die Ausübung des Mitgliedschaftsrechts, wodurch der beeinträchtigte Gesellschafter einen Anspruch gegen den Gesellschafter hat.[202]

3.4.2 Falsche Angaben

Bei falschen Angaben des Veräußerers der Geschäftsanteile kann eine Haftung aus Vertrauen nach den Grundsätzen des Verschuldens bei Vertragsschluss aus § 280 I BGB i.V.m. § 311 II BGB entstehen.[203] Der Gesellschafter haftet hier für vorsätzliche oder fahrlässige falsche Angaben für den verursachten Schaden.

3.4.3 Verletzung des Kapitalerhaltungsgrundsatzes

Gerade aufgrund der nicht persönlichen Haftung der Gesellschafter ist ein besonderer Gläubigerschutz bezüglich des Haftungskapitals gegeben. Bei Kapitalerhaltungsverstoß sind die Gesellschafter lediglich der Gesellschaft zum Ausgleich des entstandenen Schadens in der Höhe verpflichtet, in der das geschützte Kapital verletzt worden ist (§§ 30, 31 GmbHG).[204] Diese Vorschriften umfassen z.B. Ausschüttungssperren, soweit Auszahlungen zu Lasten des Stammkapitals gehen (bilanzielle Betrachtungsweise). Der sachliche Anwendungsbereich wird auf Rechtsgeschäfte, die als eine verdeckte Gewinnausschüttung oder Zuwendung gelten, ausgeweitet. Verdeckte Gewinnausschüttungen stellen die Darlehensgewährung ohne oder gegen Zinsen dar, die niedriger oder höher als

---

[200] siehe unter: 2.5.2.1. Deliktische Haftung aus unerlaubter Handlung
[201] OLG München, NJW-RR 1991, 928
[202] Muschalle/Schultze, Die Haftung des Geschäftsführers, S.45
[203] GmbHR 2001, 516
[204] siehe unter: 2.1.3. Geschäftsführer als Hüter des Kapitals; 2.5.1.1.1. Zahlungsverstoß gegen §§ 30, 31 GmbHG

marktüblich sind, sowie die Bestellung von Sicherheiten, wenn diese tatsächlich verwertet wird.

Zukünftig sind Leistungen mit gleichwertiger Gegenleistung des Gesellschafters vom Rückerstattungsverbot ausgenommen, d.h. Rückzahlungen von Gesellschafterdarlehen sind jederzeit nach dem MoMiG möglich (§ 30 I S.3 GmbHG). Dies gilt allerding nur vor Insolvenzeröffnung. Somit sind Zahlungen, die zur Zahlungsunfähigkeit der GmbH führen oder in der Insolvenz getätigt werden, verboten.[205]

3.4.4 Durchgriffshaftung

Die existentielle Voraussetzung der Durchgriffshaftung beruht auf der unzulässigen Berufung auf das Trennungsprinzips nach § 13 II GmbHG, da offenkundig die GmbH dazu benutzt wurde, einen nicht mehr zu billigenden bzw. rechtswidrigen Erfolg herbeizuführen.[206]
Es existieren verschiedene Varianten der Durchgriffshaftung.

3.4.4.1 Vermögensvermischung

Die Vermögensvermischung beruht auf der Aufhebung der nicht sorgfältigen Trennung zwischen GmbH-Vermögen und Gesellschafter-Vermögen, wie etwa Zahlung privater Verbindlichkeiten durch die Gesellschaft. Der Gesellschafter hat hierbei auch einen maßgeblichen Einfluss auf die Geschäfte. Er haftet demnach unbeschränkt mit seinem Privatvermögen nach § 128 BGB analog, wenn er die gesetzliche Trennung der Haftungsmassen selbst aufgibt und sich somit nicht mehr auf die Beschränkung berufen kann. Beruhend auf der undurchsichtigen Buchführung oder anderweitigen Verschleierung der Vermögensabgrenzung kommt eine persönliche Verhaltenshaftung in Betracht.[207]

3.4.4.2 Sphärenvermischung

Die Sphärenvermischung setzt eine organisatorische Einheit mehrerer Rechtsträger voraus, die die Trennung unterschiedlicher Haftungsmassen für den Rechtsverkehr nicht erkennen lässt. Selbst bei interner Klärung der Vermögenszuordnung muss die gesamte Haftungsmasse wegen der

---

[205] siehe unter: 2.5.1.1.5. Eigenkapitalersetzende Gesellschafterleistung
[206] NJW – RR 1997, 94
[207] Muschalle/Schultze, Die Haftung des Geschäftsführers, S.104 ff.; NJW 2006, 1344

Möglichkeit der Vorspiegelung einer tatsächlich nicht einheitlichen Haftungsmasse zur Verfügung gestellt werden.[208]

3.4.4.3 Unterkapitalisierung

Den Gesellschaftern kommt kraft der Finanzierungsverantwortung eine Kapitalausstattungspflicht zu. Das Stammkapital muss zumindest ansatzweise dem wirtschaftlichen Risiko gerecht werden, andernfalls würde der Gesellschafter auf Kosten der Gläubiger spekulieren und die Rechtsform missbrauchen.[209] Die Unterkapitalisierung liegt nicht zwingend bei Gründung vor, da sich durch spätere Unternehmensentwicklungen erst eine solche ergeben kann. Das Stammkapital ist stets dem Risiko anzupassen. Bei Rechtsformmissbrauch fällt eine Berufung auf die Haftungsbeschränkung aus.

Aufgrund der fehlenden allgemeinen Unterkapitalisierungshaftung beschränkt sich die Verschuldenshaftung der Gesellschafter auf existenzgefährdende Eingriffe. Im Einzelfall kann dies zur Insolvenzverursachungshaftung und unter Umständen zu einem persönlichen Haftungsdurchgriff für die Verletzung mitgliedschaftlicher Pflichten führen.

Eine direkte Haftung der Gesellschafter und Geschäftsführer ggü. den Gesellschaftsgläubigern ergibt sich aus § 826 BGB, wenn diese Gläubiger auf die Finanzkraft der GmbH vertrauen und die Gesellschafter und der Geschäftsführer wissentlich den Ausfall derer Forderungen in Kauf nehmen.[210]

3.4.4.4 Existenzbedrohender Eingriff

Aufgrund der Wahrnehmung von Rechten im eigenen Interesse sind die Gesellschafter einer Haftung aus existenzbedrohenden Eingriffen ausgesetzt. Die Kapitalerhaltungspflicht dient zur Unternehmensfortführung. Da dieser Schutz für die Überlebenschance der Gesellschaft unzureichend ist, werden Verhaltensweisen, die eine Unterbilanz oder Vermögensverschiebungen in die Gesellschaftersphäre mit sich bringen, als existenzbedrohend eingestuft, wie etwa Spekulationsgeschäfte, unterlassene Geschäftschancenwahrnehmung, Abzug von qualifiziertem Personal, Know-how oder immateriellen nicht bilanzierte Vermögensgegenstände und

---

[208] Muschalle/Schultze, Die Haftung des Geschäftsführers, S. 106 ff.
[209] NJW, 1994, 2117, 2118
[210] ZIP 2007, 227

Liquidität oberhalb der Stammkapitalziffer. Hierbei muss aber stets die Maßnahme existenzvernichtenden Charakter in sich bergen.[211] Demnach haften Gesellschafter auch für Gesellschaftsschulden, bei mangelnder Rücksicht der Zweckbindung des Gesellschaftsvermögens und durch Entnahmen aus dem Gesellschaftsvermögen ohne angemessenen Ausgleich, das zur Verbindlichkeitserfüllung dient, persönlich (Existenzvernichtender Eingriff).[212] Ebenso kann eine strafrechtliche Haftung wegen Treubruchs aus § 266 StGB resultieren.[213]

Diese Haftung richtet sich auf den Ausfall der Ansprüche der Gläubiger bzw. des Insolvenzverwalters.

3.4.5 Haftung in der Zeit der Sanierung

Im Falle der Kapitalerhöhung sind die Gesellschafter bei Vorliegen der verdeckten Sacheinlage ebenso dem Haftungsanspruch aus § 24 GmbHG für die fehlende Stammeinlage ausgesetzt. Aus dem Solidaritätsgedanken des § 24 GmbHG sind nicht nur die Alt- oder Neugesellschafter, die neue Stammeinlagen übernehmen, sondern auch die Mitgesellschafter betroffen. Hierbei besteht nicht nur eine neuerliche Bareinzahlungspflicht sondern auch die Haftung aus § 24 GmbHG für ausstehende Stammeinlagen. Überstimmte Mitgesellschafter, deren Stimmen gegen eine Kapitalerhöhung waren, fallen trotzdem unter diese Normierung. Jenen wird nur ein Austrittsrecht zugebilligt. Während einer Sanierung sind der Sinn und Zweck die Volleinzahlung der Stammeinlage.

3.4.6 Haftung im Insolvenzverfahren

Die Gesellschafter sind selbst im Insolvenzverfahren Haftungsrisiken ausgesetzt. Der Fokus liegt auch in dieser Zeit auf dem Kapitalschutz.

3.4.6.1 Persönliche Haftung im Insolvenzverfahren

Die persönliche Haftung eines Gesellschafters für die Verbindlichkeiten der Gesellschaft während der Dauer des Insolvenzverfahrens kann nur vom Insolvenzverwalter geltend gemacht werden (§ 93 InsO). Die Haftung des Gesellschafters kann als Innenhaftung ausgestaltet sein und daher massezugehörige Ansprüche auslösen, so etwa für die Einforderung nicht

---

[211] Rocco, Der GmbH-Gesellschafter, S. 260 ff.; Muschalle/Schultze, Die Haftung des Geschäftsführers, S. 109 ff.
[212] ZIP 2005, 117
[213] siehe unter: 2.5.2.1.2. § 823 II BGB i.V.m. einem Schutzgesetz

befreiend getilgter Forderungen, für überbewertete oder verdeckte Sacheinlage, für die Unterbilanzhaftung, für Rückforderungen verbotener Auszahlungen oder für die Verschuldenshaftung von Gesellschaftern für existenzielle Eingriffe.[214]

3.4.6.2 Insolvenzverschleppung

Eine Deliktshaftung aus § 823 II BGB trifft nur die Normadressaten. Gesellschafter zählen nicht zu diesem Personenkreis der Insolvenzverschleppung i.S.d. § 15 a InsO. Taugliche Täter sind diese zwar nicht, jedoch können sie nicht von der Haftungsgefahr befreit werden, wodurch sie als garantenpflichtige Teilnehmer des Delikts über § 830 II BGB zu Mittätern werden, wenn diese als Anstifter oder Gehilfen in Erscheinung treten. Durch dieses vorsätzliche Handeln haften die Gesellschafter gesamtschuldnerisch neben dem Geschäftsführer.[215]

3.4.6.3 Ansprüche gegen der Verwalter

Im Insolvenzverfahren spielt der Insolvenzverwalter die zentrale Rolle. Er hat stets, wie der Geschäftsführer, für die Sorgfalt eines ordentlichen und gewissenhaften Insolvenzverwalters einzustehen. Verletzt er schuldhaft seine insolvenzspezifischen Pflichten, ist er neben der GmbH auch den Gesellschaftern zum Schadensersatz nach §§ 60, 61 InsO verpflichtet. Die Gesellschafter haben demnach wie die Gläubiger Anspruch auf optimale Verwertung und Befriedigung durch den Verwalter. Das durch die Gesellschafterversammlung vorgegebene Verfahrensziel muss korrekt abgewickelt werden. Alle Handlungen zur Erreichung des Ziels sind erforderlich. Mögliche verletzte Normen können die versäumte Verfahrenseinstellung nach § 213 InsO, ablehnende Stellung zum vorgelegten Insolvenzplan mit aussichtsreicher Sanierung und folgender gerichtlicher Verwerfung nach §§ 218 I, 231, 232 I Nr.3 InsO oder übereilte Unternehmensveräußerung sein.[216]

3.4.6.4 Kooperationspflicht

Der Gesellschafter unterliegt sowohl in der Krise als auch in der Sanierung einer Kooperationspflicht, aus der sich ein Schadensersatzanspruch ergeben kann. Eine Pflicht, über die voll eingezahlte Einlage hinaus zu leisten,

---

[214] Schmidt/Uhlenbruck, Die GmbH in Krise, Sanierung und Insolvenz, S.632, Rn.1280
[215] siehe unter: 2.5.3.1. Insolvenzverschleppung; Schmidt/Uhlenbruck, Die GmbH in Krise, Sanierung und Insolvenz, S.905, Rn.1889
[216] Schmidt/Uhlenbruck, Die GmbH in Krise, Sanierung und Insolvenz, S.636, Rn.1289

besteht nicht. Jedoch sind die Gesellschafter verpflichtet, einem aussichtsreichen Sanierungskonzept, dem keine Gründe entgegenstehen, zuzustimmen. Eine erfolgversprechende Sanierung darf demnach nicht verhindert werden.[217]

3.4.6.5 Kapitalschutz

Der Kapitalschutz darf von den Gesellschaftern nicht missachtet werden, da ihnen ansonsten eine Haftung entgegensteht. Erreicht der Wert einer Sacheinlage nicht den Betrag der dafür übernommenen Stammeinlage, so hat der Gesellschafter in Höhe des Fehlbetrags zu haften (§ 9 GmbHG, Differenzhaftung). Weiterhin hat er die grundlegenden Kapitalerhaltungsvorschriften nach §§ 30, 31 GmbHG zu beachten, aus denen gleichzeitig bei Verstoß Haftungsansprüche erfolgen.[218] Vor der Zeit der Insolvenz ist der Geschäftsführer für die Geltendmachung der Ansprüche verantwortlich, jedoch ist ab dem Verfahren der Verwalter zuständig. Nach materiellem Recht benötigt der Insolvenzverwalter bei Ansprüchen der GmbH gegen die Gesellschafter nicht die §§ 92, 93 InsO, da diese zur Insolvenzmasse nach § 35 InsO zählen.

3.5. Beendigung der Gesellschaftererstellung

Die Gesellschafterstellung kann durch verschiedene Fallgestaltungen, wie z.B. die Beendigung der GmbH selbst, den Gesellschafterwechsel oder den Tod, ihr Ende finden. Auslösende Gründe können wiederum zum einen die unzumutbare Zusammenarbeit oder zum anderen auch die fehlende Zukunftsperspektive der GmbH sein.

Gesellschafter, die vernünftige unternehmerische Entscheidungen verhindern oder den gesellschaftsinternen Frieden nachhaltig stören, sind der Gesellschaft nicht von Nutzen. Die Auflösung der GmbH kann somit nur das letzte Mittel sein.[219]

Eng mit der Beendigung verbunden ist eine Abfindungsregelung des ausscheidenden Gesellschafters, sei es auf freiwilliger oder unfreiwilliger Basis, durch eine Klausel in der Satzung. Der Anteil wird durch eine dementsprechende Abfindungszahlung ausgeglichen.

---

[217] BGHZ 129, 136
[218] siehe unter: 2.1.3. Hüter des Kapitals
[219] Prühs/Wellkamp, GmbH-Gesellschafter: Rechte und Pflichten, S.55

3.5.1 Beendigung der GmbH

Bei der Beendigung der GmbH selbst, die das Ende des Status als Gesellschafter indiziert, erfolgt im ersten Schritt die Abwicklung (Auflösung) und in einem zweiten Schritt die Löschung im Handelsregister (Vollbeendigung). Die Auflösungsgründe ergeben sich durch den im Gesetz verankerten § 60 GmbHG. Im Gesellschaftsvertrag können die Gesellschafter bereits den Zeitablauf der GmbH bestimmen (§ 60 I Nr.1 GmbHG). Ein Auflösungsbeschluss der Gesellschafter bei einer Mehrheit von drei Vierteln ist weiterhin nach § 60 I Nr.2 GmbHG möglich.

Weitere Gründe sind nach § 60 I Nr.3 GmbHG durch gerichtliches Urteil oder Entscheidung des Verwaltungsgerichts oder der Verwaltungsbehörde in den Fällen der §§ 61 und 62 GmbHG, § 60 I Nr.4 und 5 GmbHG bei Eröffnung des Insolvenzverfahrens oder Ablehnung des Insolvenzverfahrens mangels Masse mit der Rechtskraft des Beschlusses, § 60 Nr.6 GmbHG bei Ergehen einer Verfügung des Registergerichts wegen der Feststellung eines Mangels im Gesellschaftsvertrages, § 60 I Nr.7 GmbHG bei Löschung der Gesellschaft wegen Vermögenslosigkeit, gegeben oder können im Gesellschaftsvertrag festgesetzt werden (§ 60 II GmbHG).

Nach der Auflösung folgt die Durchführung des Liquidationsverfahrens außer bei der Durchführung des Insolvenzverfahrens oder bei Löschung wegen Vermögenslosigkeit. Mit der Auflösung der Gesellschaft beginnt also das Liquidationsverfahren, das beim Handelsregister anzumelden ist und in den Geschäftsblättern wegen des Gläubigerschutzes bekanntzumachen ist (§ 65 GmbHG).[220]

3.5.2 Gesellschafterwechsel

Insbesondere bedarf es beim Gesellschafterwechsel der Beachtung der Interessen der GmbH und der damit verbundenen Krisenprävention. Ein Gesellschafterwechsel kann aus normalen Umständen, also aus Altersgründen, Krankheit, wirtschaftlichen oder sonstigen persönlichen Gründen, aber auch aus negativen Umständen, wie etwa Interessenskonflikten, Verhalten, Unfähigkeit etc., resultieren. Gerade die Verfolgung der Ziele der Gesellschaft und deren Gesellschafter verlangen einen adäquaten Ersatz für den ausscheidenden Gesellschafter. Im besonderen Fall der Unverzichtbarkeit der Fachkompetenz des ausscheidenden Gesellschafters ist eben dieser adäquate Ersatz lebensnotwendig für den Erhalt der Gesellschaft und deren Zukunft.

---

[220] Rocco, Der GmbH-Gesellschafter, S.297

3.5.2.1 Anteilsübertragung

Der Gesellschafterwechsel ist durch die Übertragung des Geschäftsanteils gemäß § 15 GmbHG veräußerlich und vererblich, wobei in der Regel eine Vinkulierungsklausel in der Satzung vorhanden ist.[221] Die Übertragung ist formbedürftig, sowohl die Verpflichtung als auch die Umsetzung dieser durch Abtretung bedarf der notariellen Form. Der Erwerber der Anteile tritt in sämtliche Rechte und Pflichten des bisherigen Gesellschafters ein. Bürgschaften oder sonstige Haftungsübernahmeerklärungen übernimmt der Erwerber nicht, da diese nicht ohne weiteres durch die Anteilsabtretung übertragen werden.

3.5.2.2 Einziehung

Ein Austritt des Gesellschafters aus der GmbH kennt das GmbHG nicht, jedoch kann auf Initiative der Gesellschaft mit Zustimmung des Gesellschafters oder gegen seinen Willen eine Einziehung (Amortisation) nach § 34 GmbHG erfolgen, die zum Regelungswerk des Gesellschaftsvertrages gehört. In Extremsituationen kann es auch ohne Satzungsregelung sowohl ein Austrittsrecht des Gesellschafters als auch eine Ausschlussmöglichkeit der GmbH geben. Zum beiderseitigen Wohl müssen daher Möglichkeiten der Beendigung existieren, die gleichfalls durch die Rechtsfortbildung unterstrichen werden. Die Einziehung richtet sich gegen den Geschäftsanteil und vernichtet ihn samt der an diesem hängenden Mitgliedschaftsrecht.[222] Ein Motiv könnte der Ausschluss eines Erben des Gesellschafters sein. Weiterhin kann sich das Motiv auf die Entledigung eines unliebsam gewordenen Gesellschafters beziehen. Schutz ist geboten, wenn Dritte im Wege der Zwangsvollstreckung gegen den einzelnen Gesellschafter vorgehen und dadurch in das Gesellschaftsvermögen eindringen.

3.5.2.3 Ausschluss

Der Ausschluss beruht auf Initiative der Mitgesellschafter wegen eines wichtigen Grundes. Ein solcher Ausschluss kann in der Satzung manifestiert werden. Beim Fehlen einer Ausschlussklausel im Gesellschaftsvertrag kann die Gesellschaft bei Vorliegen eines entsprechenden Beschlusses der Gesellschafterversammlung im Wege der Ausschließungsklage gegen den betreffenden Gesellschafter vorgehen.[223] Der Geschäftsanteil

---

[221] siehe unter; 2.1.4.3. Gesellschafterwechsel
[222] Rocco, Der GmbH-Gesellschafter, S. 313
[223] BGHZ 9, 157 ff.

bleibt hier im Unterschied zur Einziehung bestehen und richtet sich gegen die Mitgliedschaft.

3.5.2.4 Austritt

Der Wunsch des Gesellschafters, aus der Gesellschaft auszuscheiden, wird als Austritt definiert. Diese eigentliche formfreie Erklärung kann durch die Satzung andere Bedingungen annehmen. Bei Vorliegen eines wichtigen Grundes kann stets eine Loslösung von dem Vertragsverhältnis begehrt werden.[224] Die Unzumutbarkeit gibt dem Gesellschafter daher das Recht des Austritts bzw. der Kündigung. Das Austrittsrecht kann nur ausgeübt werden, wenn kein milderes Mittel, wie z.B. die Anteilsübertragung, mehr zur Verfügung steht. Die Ungeschicklichkeit bei der Veräußerung oder ein mangelndes Kaufinteresse stellen noch keine wichtigen Gründe dar.

---

[224] Prühs/Wellkamp, GmbH-Gesellschafter: Rechte und Pflichten, S. 64 ff.

4. Fazit

Die vorliegende Untersuchung bietet dem Personenkreis der GmbH und dem interessierten Leser einen Überblick. Das Werk umfasst Aspekte der Krisenprävention, Erkennung drohender Gefahren, Chancenwahrnehmung, Gestaltungsfreiheit einer GmbH und der Krise selbst.

Der GmbH als Kapitalgesellschaft wird in der heutigen Zeit immense Bedeutung beigemessen. Geltung hat dies für sämtliche Unternehmensgrößen. Der Gesetzgeber hat, um die Attraktivität der GmbH zu erhöhen und ihre internationale Wettbewerbsfähigkeit zu gewährleisten, u.a. das Gesetz die Gesellschaften mit beschränkter Haftung betreffend grundlegend durch das MoMiG sowohl modernisiert als auch dereguliert. Dieser Konkurrenzfähigkeit der GmbH wird z.B. durch die Erleichterung, Beschleunigung und Verbilligung der Existenzgründung und ihrer Eintragung ins Register entsprochen. Nicht zuletzt werden die Neuregelungen auch für den Geschäftsführer und die Gesellschafter relevant. Diese haben sich ständig über ihre Rechte und Pflichten zu informieren, um ihren Aufgaben gewachsen zu sein. An sie werden hohe Anforderungen gestellt, damit der Sinn und Zweck der GmbH verwirklicht werden kann. Sie müssen stets die gesetzlichen Regelungen beachten, um dem hohen Haftungsrisiko zu entgehen. Besonderes Augenmerk haben die Geschäftsführer und Gesellschafter der Krisenprävention zu widmen. Dies gilt natürlich entsprechend für Krisenzeiten.

Es ist festzuhalten, dass die gesetzlichen Regelungen ein Anreizsystem implizieren, um einerseits Missbräuche zu bekämpfen bzw. die Gesellschafter und Geschäftsführer zur Beachtung der rechtlichen Vorgaben zu zwingen und andererseits gleichzeitig den Weg zum Unternehmenserfolg zu ermöglichen. Der Gesellschaftserfolg, der weitgehend durch die Geschäftsführer bestimmt wird, liegt im Gesellschafterinteresse. Die Gesellschafterversammlung hat eine enorme Verantwortung bezüglich der Auswahl eines geeigneten und der frühzeitigen Erkennung eines ungeeigneten Managers. Ein ungeeigneter Manager beherbergt ein potentielles Risiko, welches zu vermeiden ist. Der Geschäftsführer, der die Handlungen der GmbH ausführt, bestimmt das Wirtschaftsleben der in der Bundesrepublik bedeutendsten Gesellschaftsform. Daher muss der ausgestaltete Anstellungsvertrag eines fähigen und engagierten Managers als ein weiterer Anreiz zu seiner Motivation dienen. Die Motivationswirkung der Bezüge sollte nicht unterschätzt werden. Vermeintliche Lohneinsparungen zu Beginn einer Geschäftsführeranstellung können gravierende finanzielle Auswirkungen haben, die im schlimmsten Fall zur Insolvenz der GmbH führen und sogar haftungsrechtliche Konsequenzen mit sich bringen. Anzumerken sei jedoch, dass hochdotierte Manager nicht gleichzeitig einen Erfolgsgaranten darstellen. Weitere Motivationsanreize können durch Incentives oder persönlichen Freiraum realisiert werden. Das Haftungsrisiko, dem der Manager ausgesetzt ist, kann ebenso durch eine Vereinbarung in Form einer Freistellungserklärung und/oder einer Versicherung minimiert werden und somit einen Beitrag zur Motivation leisten. Damit der Geschäftsführer der Aufgabe der Risikovermeidung gewachsen ist, sollte er sich eingehend mit seinen allgemeinen Rechten und Pflichten vertraut machen.

Abschließend sei darauf hingewiesen, dass die Krise für den Geschäftsführer und Gesellschafter eine besondere Herausforderung darstellt. Ihnen erwachsen besondere Rechte und Pflichten bei Sanierung, Liquidation oder Insolvenzverfahren, sei es die Pflicht zur Krisenerkennung des Managers und der damit verbundenen Inkenntnissetzung der Gesellschafter und gleichzeitigen Erbringung von konstruktiven Vorschlägen, die Entscheidung, ob eine Sanierung durch Beiträge der Gesellschafter oder eine Selbstreinigungskraft möglich ist, sowie ob das Amt frühzeitig niederzulegen, die GmbH zu liquidieren oder Insolvenzantrag zu stellen ist.

Ist der Geschäftsführer einer komplizierten Materie nicht mehr gewachsen, so ist ihm zu empfehlen, einen externen Berater hinzuzuziehen.

Literaturverzeichnis

1. Kommentare:

Baumbach, Adolf / Hueck, Alfred (zit.: Baumbach/Hueck)
GmbH-Gesetz
18., erw. u. völlig überarb. Auflage, Dezember 2005

Palandt (zit.: Palandt)
Bürgerliches Gesetzbuch / Beck'sche Kurz-Kommentare
67., neu bearb. Auflage, Dezember 2007

Scholz, Franz (zit.: Bearbeiter/Scholz)
Kommentar zum GmbH-Gesetz
10. Auflage 2006, Band I

Tröndle, Herbert / Fischer, Thomas (Tröndle/Fischer)
Strafgesetzbuch / Beck'sche Kurz-Kommentare
55. Auflage 2008

2. Lehrbücher:

Bieg, Hartmut / Kussmaul, Heinz (zit.: Bieg/Kußmaul)
Externes Rechnungswesen
4., überarb. Auflage, Saarbrücken, Februar 2006

Ferslev, Rainer (zit.: Ferslev)
Die GmbH – Haftungsfallen bei Gründung, Krise, Sanierung
1., überarb. Auflage, Hamburg, September 2006

Franz, Christian (zit.: Franz)
Der GmbH-Geschäftsführer
Düsseldorf, 2005

Gottwald, Peter (zit.: Gottwald)
Insolvenzrechts-Handbuch
3. Auflage 2006

Jung, Hans (zit.: Jung)
Allgemeine Betriebswirtschaftslehre
8. Auflage, 2002

Krieger, Gerd /Schneider, Uwe H. (zit.: Krieger/Schneider)
Managerhaftung
Düsseldorf, Darmstadt, Mainz, Juni 2007

Meyke, Rolf (zit.: Meyke)
Die Haftung des GmbH-Geschäftsführers
4. Auflage, Köln, 2004

Muschalle, Volker / Schultze, Thilo (zit.: Muschalle/Schultze)
Die Haftung des Geschäftsführers
Band 7, Stuttgart, Oktober 2007

Prühs, Hagen (zit.: Prühs)
GmbH-Geschäftsführer: Rechte und Pflichten
3. Auflage, Bonn, 2004

Prühs, Hagen / Wellkamp, Ludger (zit.: Prühs/Wellkamp)
GmbH-Gesellschafter: Rechte und Pflichten
2. Auflage, Bonn, 2002

Rocco, Jula (zit.: Rocco)
Der GmbH-Geschäftsführer
2. Auflage, Berlin, März 2007

Rocco, Jula (zit.: Rocco, II)
Der GmbH-Gesellschafter
2. Auflage, Berlin, Juni 2003

Schmidt, Karsten / Uhlenbruck, Wilhelm (zit.: Schmidt/Uhlenbruck)
Die GmbH in Krise, Sanierung und Insolvenz
3. Auflage, Bonn, Hamburg, Köln, März 2003

Stehle, Heinz / Leuz, Norbert (zit.: Stehle/Leuz)
Der erfolgreiche GmbH-Geschäftsführer
10., überarb. Auflage, Stuttgart, November 2007

3. Monographien / Aufsätze:

Betriebs Berater (zit.: BB, Jahr, Seite)

Bundessteuerblatt (zit.: BStBl, Jahr, Seite)

Cahn, Andreas (zit.: Seite)
Vergleichsverbote im Gesellschaftsrecht
Jahr 1996

Der Betrieb (zit.: DB, Jahr, Seite)

Deutsches Steuerrecht (zit.: DStR, Jahr, Seite)

Europäische Zeitschrift für Wirtschaftsrecht (zit.: EuZW, Jahr, Seite)

GmbHRundschau (zit.: GmbHR, Jahr, Seite)

Neue Juristische Wochenschrift (zit.: NJW, Jahr, Seite)

Neue Wirtschafts Briefe (zit.: NWB, Jahr, Seite)

Neue Zeitschrift für das Recht der Insolvenz und Sanierung (zit.: NZI, Jahr, Seite)

Neue Zeitschrift für Gesellschaftsrecht (zit.: NZG, Jahr, Seite)

Recht der Internationalen Wirtschaft (zit.: RIW, Jahr, Seite)

Zeitschrift für das gesamte Insolvenzrecht (zit.: ZInsO, Jahr, Seite

Zeitschrift für Wirtschaftsrecht (zit.: ZIP, Jahr, Seite)